解像度を上げるボトムアップマーケティング

顧客を見れば、戦略はいらない

BOTTOM-UP MARKETING

マテリアルデジタル 取締役
川端康介

日経BP

はじめに

なぜ、教科書通りのマーケティングはうまく行かないのか？

「著名なマーケターの成功事例で使っていたフレームワークを参考にしたのに、うまくいかない」「自社の魅力を余すところなく伝えているのに、売り上げが上がらない」「リブランディングして認知を広げたけれど、売れ行きが芳しくない」

これまで用いられてきたフレームワークや戦略設計だけでは、現在の予測できない市場に対してアプローチをし続けていくことには限界がある——。そう感じている方も多いのではないでしょうか。マーケティングの書籍や教科書が世の中にあふれ、誰もが正解と信じているフレームワークを用いたり、多くの受賞歴を持つ大手の広告代理店に依頼したりしても、こういった声が多くの企業から聞こえてきます。世間では常識とされているマーケティング戦略を実施しているにもかかわらず、なぜ、このような問題が生まれてしまうのでしょうか。

フレームワークとは流動的に変化し続ける市場の**「不確実性」**を、疑似的に**「固定化」**するツールです。つまり、固定化することによって情報を整理し、問題を発見することで課題を設定し、戦略へと落とし込むのが一般的なフレームワークの利用方法です。

しかし、従来のフレームワークでは市場の最大公約数は捉えることができたとしても、固定化の網目が粗過ぎることによって、**多様化した「個」の詳細なニーズ**を捉え切れなくなったのです。それにもかかわらず、これらのフレームワークから導き出された示唆や結論を「正解」として戦略が設計されているのです。

「戦略の理論」と**「現場の現実」**がますます乖離《かいり》し続けている中でも成長している企業は、マクロだけで市場を捉えたトップダウンのアプローチによる戦略理論だけではなく、デジタルを活用してミクロな顧客に適応し続けるボトムアップの戦略を取り入れ始めているのです。一度ローンチしたプロダクトであっても、口コミやレビューの調査から継続意向を高める商品機能を発見して商品をリニューアルするなど、現場の現実（リアル）をすぐさま戦略に取り入れる余白が事前に織り込まれているケースが増えてきているのです。

従来、企業は長期にわたる競争優位性をつくるため、時間とお金と人を投下し続けていました。しかし、デジタルの進化や競合の参入障壁の低下、そしてアフターコロナの市場、消費行動の大きな変化……消費者にとっての消費とは、単なるモノとカネの交換ではなく、ブランドがもたらす体験によって得られる意味も求めるようになり、意味の多様化によって市場動向は目まぐるしい競争環境となりました。こうした変化に伴い、未来の予測が圧倒的に困難な時代となっているのです。

せっかく多大な時間とお金、人を投下することによって確立したかに思えたブランドの優位性も僅かな期間で消えてしまう。それほど移り変わりの激しい環境において、長期にわたる優位性を保持し続けられるブランドや企業はどれほど存在しているでしょうか。そんな中でも、企業は「長期にわたって優位性を保持し、消費者から選ばれ、そして選ばれ続けるブランド」を目指しています。しかし、抜け漏れなくかぶりのない、MECE（Mutually Exclusive and Collectively Exhaustive）で緻密な戦略のために何カ月もかけて設計を練っている暇はないのです。

つまり、「ブランドがいつか選ばれる」ための戦略ではなく、ブランドが「今選ばれるため」に多くの**「瞬間的な優位性」**の連続を生み出し続けることが重要なのです。選ばれることによって、**企業にとってのブランドは、消費者にとってのブランドになる**のです。

多くの「瞬間的な優位性」を生み出し続けることが「選ばれ続けるブランド」になる

年齢や性別、購買行動、価値観といった**従来のものさし**で消費者を捉えたとしても、個人によって異なるニーズの発生条件や情報との接点、それに応じて求める便益や解決手段は多岐にわたります。仮に「買ったものは同じ」だったとしても「買った理由」は人それぞれ異なるのです。そして、「買った理由」の多様化はこれからも広がり続けます。フレームワークによる固定化は、人を年齢や性別といった「単位」として捉えることができず、消費者の流動性や多様なニーズを捉え切れなくなってしまっているのです。

この細分化された「個」のニーズを捉え切るためには、人を単位で捉えるのではなく、人が求めていた「意味」を理解し、その「意図」を捉えなければなりません。「意図」は環境や状況によって変化するため、データを用いてリアルタイムに適応し続ける必要があります。**適応し続けるには、維持や安定ではなく持続的な変化を引き起こし、多くの「瞬間的な優位性」をリアルタイムで生み出さなければならないのです。これが従来のトップダウンのアプローチではなく、ボトムアップのアプローチです。**

ボトムアップの「要」となる顧客理解

ボトムアップは、市場や消費者の「不確実性」を捉え切れない従来のフレームワークや再現性、勝ちパターンといった売り手が求める理想にとらわれるのではなく、絶えず柔軟に、そして流動的に、顧客からの反応に適応し続けます。これにより、**トップダウンのアプローチにあった硬直性というリスク**を排除し、多くの「瞬間的な優位性」を連続的につくり出すことが可能になるのです。

このボトムアップのアプローチを支える要となるのが**「顧客理解」**です。顧客理解がなければ、ブランドは「ブランドが言いたいこと」だけを言い続け、なぜ売れないのかと悩み、思考停止の「A／Bテスト」だけが増え、組織が疲弊してしまいます。「ブランドが言いたいこと」ではなく、「顧客が言ってほしいこと」を見つけるために解像度を高めるアプローチこそが顧客理解なのです。

顧客理解と聞くと、**「インサイト（消費者本人も意識していない心の核心部分）」**を見抜くことと思われる方もいるのではないでしょうか。

「人の感情や心を理解する」アプローチを否定するつもりはありませんが、人が人の感情を理解することは、実質は不可能だと考えています。長年一緒に過ごしている家族やパートナー、同僚であったとしても、本当のところは何を思い、何を考えているかなんて分かるはずもないのです。ましてや本人も意識していない心の核心であるインサイトなど、存在を確認しようがありません。それでも「インサイトの理解」は重要視されていて高度で属人的な技術を要する職人芸のようにも扱われているものの、実際は多くの方が扱い切れていません。

本書で紹介する**「顧客理解」**とは、そのような感覚的な「顧客が思っていそうなこと」を論理立てて実在を証明しようとする禅問答をテーマにしているのではありません。企業の商品やサービスが、市場において多くの「瞬間的な優位性」を生み続け、「今選ばれる」ボトムアップアプローチを体現する、**「ブランドとのコンバージョン（Conversion／CV）との距離が近い」顧客は誰か**を理解することと定義しています。

「CVとの距離」という考え方を取り入れる

従来までの**「正解とされてきた戦略の理論」**と**「実務における現場のリアル」**の**ミスマッチ**が広がる中、認知施策やブランディングを実施することで、市場におけるブランドの優位性が約束されているわけではありません。今や消費者にとっては、特定のブランドだけが特別な存在なのではないのです。

であれば、**「いつか選んでほしい理想のターゲット」**ではなく**「今選んでくれるターゲット」は誰なのか**という顧客理解は、この時代のマーケティングにおいて至極まっとうなことなのです。そこで取り入れたいのが、ブランドと消費者の**「CVとの距離」という考え方**です。CVとの距離とは、ブランドと「ブランドの便益を享受できる可能性がある消費者」との間にある購入難度です。

顕在や潜在、認知や比較検討、年齢や年収といった、消費者の状態だけで買われやすさや獲得難度を測る従来型のものさしではなく、ブランドにとって最もブランド価値を享受してくれるターゲットの「求めている便益」を理解し、コミュニケーションを最適化させる概念です。消費者は、「私は30代の年収600万円だからこれを買おう」とは考えていませんし、ましてや「独自成分が500mL配合された商品」や「Amazonで1位を受賞した商品」を探しているわけではないのです。

ここで分かりやすい事例をお話しします。

とある英会話コーチングサービスがありました。このサービスのフロントメニューは「4カ月間で日常英会話を身に付ける」というパッケージです。英会話サービスの市場では、英会話教室やeラーニング、パーソナライズコーチングなど、各社が様々なサービスを展開し、競争が激化しています。この企業も例に漏れず、顧客獲得に苦戦を強いられていました。

そんな中、同社サービスの「便益」を最も理解している既存顧客へのインタビューを実施したところ、**「海外赴任」**が急きょ決まり、短期間でネーティブのような発音を身に付けたいというニーズがあったことを発見しました。海外赴任の通知は一般的に3カ月から半年前に内示されることが多く、4カ月間というパッケージは、これらのニーズに対し、十分に応え切れていなかったのでした。

そこで、サービスパッケージの内容を「2カ月」に変更し、3カ月以降はロングテールとして学び続けるメニューに変更。2カ月間でネーティブのような発音がどれくらい上達するのか、実際の受講者が習う前後の発音をランディングページ（LP）に掲載したのです。その結果、今まで「代替競合に奪われていたターゲット」は求めていた便益だと認識し、「今選んでくれる顧客」に変容させることで獲得数も大幅に増加させられたのです。

つまりCVとの距離が近い人は、「英会話コーチングサービスを探している人」という、いわゆる顕在層ではありませんでした。「単身赴任が決まった人」がサービスとの「CVとの距離が近い」ターゲットであり、「2カ月間でネーティブのような発音を身に付けられる」というコンセプトがターゲットにとって最も商品の便益を理解できるメッセージだったのです。

コンバージョン・エントリー・ポイント（Conversion Entry Point ／CVEP）

従来のマーケティングアプローチであれば、「英語を身に付けたいけれど、どこがいいか迷っている人」程度の解像度にとどまってしまい、英会話サービスを探している顕在層に向けてリスティング広告を当てるプランニングになるのではないでしょうか。しかし、そんな顧客理解だけでは、「講師の質」「ユーザーの声」「自宅や会社からの通いやすさ」「価格の低さ」という、ありきたりな訴求になってしまい、どんどんと競合と同質化し、顧客を奪い合うだけの未来しかありません。

ちなみに、先ほどの英会話コーチングの事例の中には、ターゲットの性格や価値観、性別、年齢、インサイトといった、「デモグラフィック」や「サイコグラフィック」の軸は全く出てきていません。出てきたのは**「単身赴任までの期間」という状況**と**「短期間でネーティブのような発音を身に付けたい」という、求めている便益**だけです。

この**「単身赴任までの期間」**こそが自社の便益を最も享受しやすい状況であり、**「短期間でネーティブのような発音を身に付けたい」**というニーズに対して**便益**を提供したからこそ、自社のサービスが**「今選ばれる」**のです。

この、**「自社の便益を最も享受されやすい状況」と「その状況下で求める便益」、「代替手段では満たされない未充足ニーズ」をコンバージョン・エントリー・ポイント（Conversion Entry Point／CVEP）**と名づけ、今選ばれる「瞬間的な優位性」をつくり続けるための、顧客理解に欠かせない重要なアプローチとして定めました。

今までのマーケティングの考え方では、「年齢」「性別」「価値観」というセグメントや、

「今サービスを探している／探していない」という分け方しかできていませんでした。しかし、それだけでは具体的に「サービスを選ぶ理由」を提示することができません。ニーズが多様化し、競合がひしめき合う市場環境において、消費者を「顕在層」と「潜在層」という2つだけのカテゴライズでくくり、年齢や性別で顧客を理解しようとすること自体が、市場に適さないアプローチなのです。

顧客理解とは、今まで見えなかった顧客が見えるようになること

理論で仮説を積み重ねた、「確からしさ」を緻密に練り上げる従来のマーケティングアプローチは、重要な意思決定には不可欠です。一方で、不確実性が拭えず、現代のマーケティングには適さない側面が生まれつつあります。多様化する消費者の**「詳細な個のニーズ」**の変化を捉え切ることができなくなっているのです。

そうではなく、現実からの反応を積み重ねた「事実（ファクト）」を基に予期しない問題や状況に適応しながら、「瞬間的な優位性」をリアルタイムに更新しつつ紡ぎ上げていく。

つまり、「こういう人に買ってもらいたい」という理想に対して仮説と理論を積み上げるのではなく、自社が競合に勝ち、「買ってくれる人」を積み重ねるボトムアップなマーケティングアプローチによって得られる建設的な有用性が本書のテーマです。

そして、このアプローチに欠かせないのが「顧客理解」です。とはいえ、ビジネスにおいて顧客理解だけですべてが解決できるわけではありません。深い専門知識や幅広い知見、技術、それらを応用し続ける思考など、ありとあらゆる能力やスキル、そしてそれらを有する人が必要不可欠です。しかし、顧客理解はマーケティングにおいて、施策や企画の判断基準となる重要な〝レバー〟の一つであり、普遍的なアプローチです。目の前に実在する顧客から選ばれなければ、ビジネスは成り立たないのです。

心理学のような学術でもなければ、職人芸のようなインサイト理解などではなく、「誰もが明日から始められる顧客理解」のフローと考え方をお教えします。今までぼんやりとすら見えなかった顧客が見えるようになり、ビジネスの成功に必ず結実します。

自己紹介

ここで少し私自身のお話をさせてください。

株式会社マテリアルデジタルで取締役を務めています。マテリアルデジタルは、カンヌライオンズでアジア1位を獲得したPRエージェンシーのマテリアルグループの関連会社であり、主にデジタルマーケティングを支援する会社です。PR発想（ストーリーテリング）を軸とした徹底した顧客理解に基づくコミュニケーション戦略、デジタル起点によるフルファネルでのマーケティング戦略の策定から実行までを伴走し、ブランド課題の解決を支援しています。

私は華々しいキャリアを歩んできたわけではありません。全くの未経験からEC事業部の立ち上げでスタートし、その後に独立してクリエイティブ（ランディングページ、ECサイト、コーポレートサイト、ブランドサイト）のコンサルティング会社を立ち上げ、年間数百億円規模の大手企業を含む数百社に対し、約1000を超える広告クリエイティブやコミュニケーションおよびマーケティングの支援をしてきました。

現場と経営、クリエイティブとマーケティング、事業会社と支援会社という様々な立場を経験する中で、幸運なことに周囲でもあまり聞いたことがないまれな経験を積んでいます。

その中で強く感じたのは、誰もが知るような大手企業の成功事例の側面だけを模倣しようとしても、再現できる企業は多くないことです。そして、成功よりも失敗の再現性の方が圧倒的に高く、ただ目の前にあるニーズを愚直に読み解き、適応し続けることが最も確実性が高いということです。優れた戦略も確からしい仮説も重要です。その上で早く試し、小さな失敗から見いだした正解のかけらを紡ぎ上げることによって、本質的に顧客に向き合う時間も回数も圧倒的に増えるのではないでしょうか。これが私の見いだした「ボトムアップ」のアプローチです。

多くの消費者は、これだけ商品やサービスがあふれる中で、出合ったブランドすべてに対して興味を抱くことはありません。私たちマーケターは、この施策を打てば興味を持ってくれる、あるいは買ってくれると信じて戦略や施策を設計し、実行します。しかし、現実はそうではありません。消費者としての自分自身を考えてみると、仕事で関わらない限り、世の中のブランドに対して興味も知識も購買意欲も大してありません。ですから私が考えるボトムアップは、そういった希望的観測の「売れるはず」ではなく、「売れない可能性が高い」という前提からスタートし、確からしさよりも確かなファクトを集め、解像度を高め続けるしかないのです。

解像度が高まれば、「やらなくていいこと」が見えてきます。逆に解像度が低ければ、やった方がいいかもしれないという見えない可能性によって、タスクだけが無限に増えてしまうのです。ボトムアップマーケティングは、解像度を高め、やらなくてよいことを見つけることで、正解を手繰り寄せる、これからのマーケティングに欠かせないアプローチだと信じています。

これから本書でお話しする内容を簡単にまとめておきます。

第1章……「戦略」「ファネル」「組織構造」「ブランディング」のトップダウンのアプローチによる弊害と、ボトムアップによってもたらされるメリット。

第2章……ブランドが「いつか選ばれる」ためのアプローチから、「今選ばれる」ために、消費者とブランドのCVとの距離を見極めるコンバージョン・エントリー・ポイント（CVEP）について。

第3章……「WHO（誰に）×WHAT（何を）」以前に理解すべき「前提」とは。文脈を踏まえた「顧客理解」へのアプローチ。

第4章……第3章までの考え方を通じて、実践的なコンバージョンにつながる17の具体アプローチをご紹介します。

この書籍が、皆さまのビジネスにとって、小さくとも確実な一歩を進める一助になれば幸いです。

川端康介

第2章

CV（コンバージョン）との距離と、CVEP（コンバージョン・エントリー・ポイント）

第4章

コンバージョンにつながる17の具体アプローチ

BOTTOM-UP
MARKETING

第1章

論理起点の不確実なトップダウンから事実起点のボトムアップへ転換

ボトムアップ戦略で「瞬間的な優位性」を生み出し続ける

なぜ人はモノを買うのでしょうか？

人は**「便益」**を求めてモノを購入しているのです。マーケティングの世界では「ベネフィット」とも呼ばれており、**「商品やサービスから得られる効果や利益」**、簡単に言うと**自分にとって何かの役に立つ**ということです。つまり、企業は消費者にとっての便益を生み出すことが使命と言っても過言ではありません。しかし、近年の市場環境において、消費者が求める**便益は圧倒的に多様化**しました。

その多様化の背景には、デジタルの進化によって圧倒的に増えた**消費者が摂取する情報量**があります。テレビや新聞、ラジオ、人から聞いて得た情報だけがすべてだった時代から、今では本人が望んでいようがいまいが、爆発的に増えた情報が日常的に届くようになりました。

この情報量の増加によって、企業が発信する情報だけをうのみにするのではなく、**消費者は自分自身で評価し、判断し、選択できる**ようになったのです。

そしてオンラインショップの普及やグローバル化の進展により、消費者にとって商品やサービスの**選択肢がはるかに拡大**しました。そのため、特定のブランドに縛られることなく、価格や品質、利便性などを比較し、個人的な嗜好、あるいはその時の状況に合わせて最適な選択をすることが可能になりました。結果、特定ブランドへのロイヤルティーは低下し、**常に「最適な選択肢を選びたい」という志向**が強まったのです。

さらに、市場は成熟し続け、消費者は個々で違う情報に触れるようになり、自分が求める情報だけを摂取し続けた結果、多様なニーズや好み、価値観を形成し、自分だけに合った商品やサービスをますます期待するようになりました。その結果、企業はよりパーソナライズされた製品や体験を提供することが求められるようになったのです。

このような時代変遷と変化の中で、企業は安定を目指すのではなく、むしろ**硬直化**するリスクを避けるため、持続的な変化を続けなければならなくなりました。まさに長期的な優位性ではなく、**多くの「瞬間的な優位性」を生み続けなければならない**のです。しかし、いまだに常識とされるマーケティングは、流動性ではなく普遍性を求め、顧客中心ではなく自社中心に、現実ではなく理論を重視した、**トップダウンの戦略アプローチへの固執**が根深く刻まれています。今こそ取り入れるべきは、理論と仮説だけを丁寧に紡ぎ上げた至高の戦略ではなく、市場から得られるリアルタイムのフィードバックを基に**「瞬間的な優位性」を積み重ねる、ボトムアップの戦略アプローチ**なのです。

第1章では、現代の市場環境におけるトップダウンの危険性とボトムアップの有用性を**（1）トップダウンの戦略、（2）ファネルのトップダウン、（3）トップダウンの3C分析、（4）トップダウンのブランディング、（5）トップダウンの組織構造**――5つのポイントで比較します。皆さまの戦略アプローチのアップデートに役立てていただきたく思います。

1 トップダウンによる戦略のリスク

一般的なマーケティングの実務における「戦略」とは、市場や顧客を分析することでニーズを理解し、自社の商品やサービスのアプローチの仕方を定めることです。

もう少し具体的に説明すると、事前に策定された明確な目標や計画に基づき、ターゲットとなる市場を定め、顧客のニーズに加え、競合する企業や商品・サービスを分析し、見込める利益を算出。事業戦略を立て、計画を詳細化して資源を割り当て、それを正確に実行することを追求するという、**トップダウンのアプローチ**を前提に設計されています。

非常にロジカルな説明をしやすいという特徴があり、社内の意思決定や代理店の提案企画では、漏れなくかぶりのないMECEな考え方を求められ、余白のない緻密で強固な戦略を求められることが多くあるでしょう。

これらは将来の予測ができる場合においては有効です。しかし、確実性を担保できるデータの前提そのものが間違っていたり、はたまた変わってしまったりすると、いくらPDCA（Plan：計画、Do：実行、Check：評価、Action：改善）を回すと息巻いたところで、うまくいくはずもありません。

こういった「理論による確からしさ」を重視するあまり、戦略の硬直性というリスクをはらんだトップダウンの戦略アプローチには、現代の市場環境にそぐわない側面が生まれつつあります。

一方、戦略そのものにボトムアップのアプローチを組み込むことで、それらの懸念を解消することが可能になります。**ボトムアップのアプローチ**は、市場や顧客の変化といった、予期しない問題や状況などに対応しながら戦略を設計します。硬直性が強い計画的なトップダウン戦略に対し、計画を進める中で予期せぬ事態に対処した結果、形成されたものが

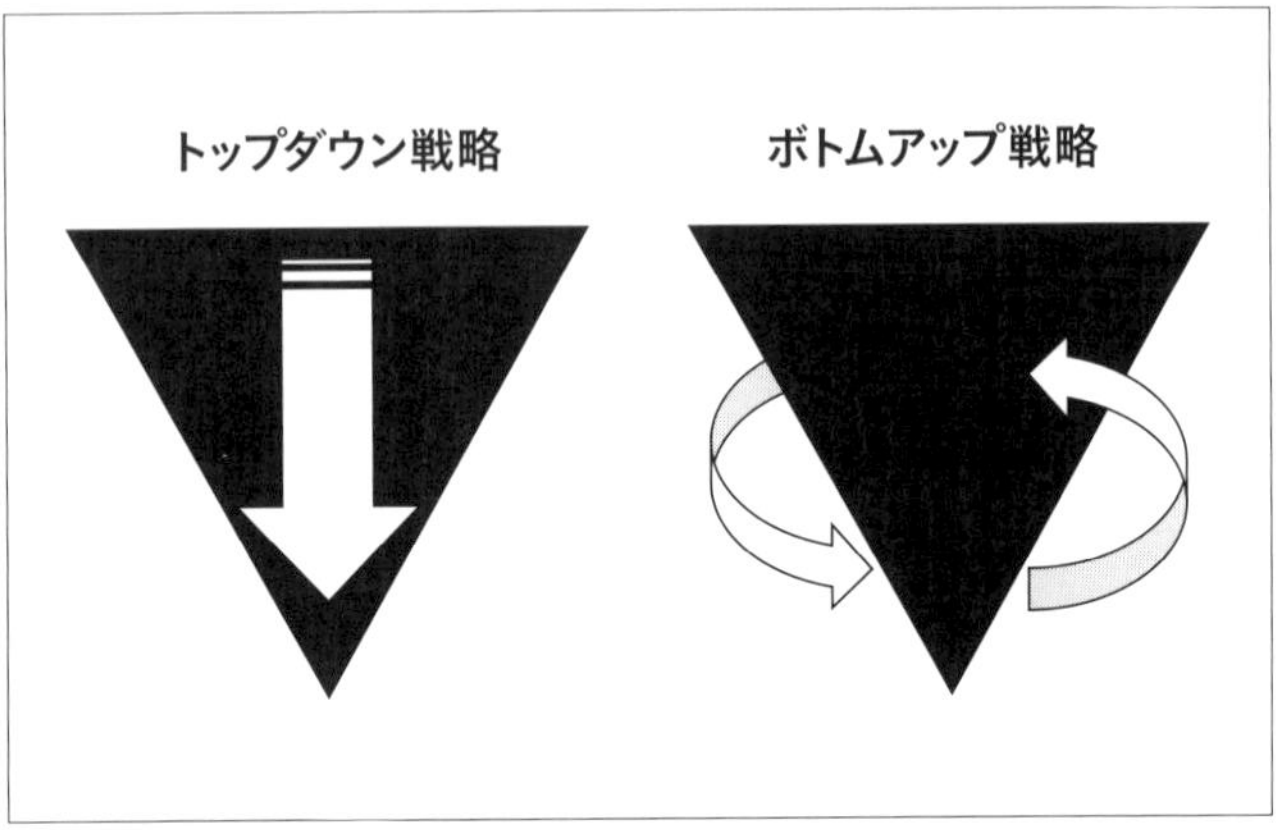

トップダウン戦略とボトムアップ戦略の思考や施策の動き

ボトムアップ戦略です。

『イノベーション・オブ・ライフ　ハーバード・ビジネススクールを巣立つ君たちへ』（クレイトン・M・クリステンセン著／翔泳社）には、こんなエピソードがあります。

１９６０年代、ホンダはアメリカのオートバイ市場に進出します。しかし品質の問題もあって、販売は困難を極めました。

ある日、ホンダの社員が業務用に使っていた小型バイク（スーパーカブ）にアメリカ人が興味を示し、この偶然をきっかけにホンダは小型バイク市場に注目し始めました。その結果、ホンダは小型バイク市場で大成功を収めたのです。

1960年代というかなり昔のエピソードですが、ここで重要なのは、ボトムアップの戦略は、決して**無計画な戦略なのではなく、**トップダウンの戦略があった上で、予期しない状況をポジティブに捉え、市場のニーズに適応したということがポイントです。大型バイク以外が売れることは計画通りではなく失敗である、という判断をしてしまっていたら、この成功は生まれていないのです。

当時と比べてますます未来の予測が難しい現在において、トップダウンの戦略の緻密さ故の硬直性や、変化への不適応といったリスクをイメージしていただけましたか。

このリスクを避けるには、いかに戦略においての余白を担保し、ボトムアップの戦略アプローチを意図的に生み出すか。それによって不確かな未来を予測するのではなく、**「不確実性」をコントロール**できるかが、今の戦略には求められているのです。

意図的にボトムアップ戦略を組み込む

予測ができないのであれば、事実を積み上げて不確実性を低減するしかありません。そのためにボトムアップ戦略を意図的に取り入れ、市場を「予測」するのではなく、「不確実性」をコントロールするのです。この意図的なボトムアップ戦略の設計は、ウェブマーケティングとの相性が非常に良く、市場からのフィードバックをリアルタイムで得られるので、不確実性のコントロールにはうってつけです。

一時期、マーケティング業界では「chocoZAP」（RIZAP）が広告バナーやランディングページを数百種類以上も作成し、高い注目を集めていました。多種多様なそれらの広告クリエイティブは、「ビジネスパーソン」や「若い女性」など想定される人物像ごとに使用する写真や描写を変え、市場で発生しているであろうニーズがイメージできる状況やシーンが描かれ、今までジムに行かなかった人たちが得られる便益を事細かく分類したクリエイティブで運用されていたのです。

おそらく従来のトップダウンの戦略であれば、自社ブランドの伝えたいメッセージを固定し、そのメッセージを一貫してアピールした認知施策によって顧客を獲得しようと考えてしまうでしょう。

しかしchocoZAPは、あらゆる側面からの大量のコミュニケーションによって、消費者は何を求めていて何を求めていないのかをリアルタイムにデータを収集。その中で自社収益性、市場規模性、他社優位性の最大公約数を、サービスの便益を享受できるあらゆる「個」の集合体から導き出すアプローチを実践したのです。

リアルタイムで得られるデータを市場からのフィードバックと捉え、「反応が高いサービスだから強化する」や「収益性が低い訴求だから優先度を下げる」「デジタルに向かないターゲットだからチラシでアピールする」といった戦略自体をアップデートし続けたのです。

このchocoZAPのアプローチを単なる膨大な「A／Bテスト」として認識した人もいる

かもしれません。しかし、まさにこれは**市場の不確実性をコントロール**するために用いられた**意図的なボトムアップ戦略**です。これにより、「サービスを選んでくれる人」「選んでくれない人」「選んでくれる可能性がある人」をテストの中から見つけ、整理し、消費者の解像度を高め続けたのです。

一般的なトップダウン戦略は、目的を達成するために**「自社は何をすべきか？」**という自社視点で戦略を設計して忠実な実行を重視し、いつの間にか自社がやりたいことを戦略と言い換えてしまうことも起こってしまいます。しかしボトムアップ戦略は、**「消費者に対して何ができるのか？」**という手持ちの手段から最適解を発見していく問題解決型アプローチです。そしてトップダウン戦略では予測できない領域を、**デジタルを活用し、今この瞬間の「事実」から少し先の未来を予測することで不確実性がコントロールできる**のです。

これからの時代、デジタルマーケティングを活用しないという選択肢はないと思います。その際、デジタルを単に販売チャネルの一つといった捉え方で活用するのはあまりにももったいないです。デジタルの圧倒的利点である「リアルタイムで得られる市場からのフィードバック」、つまりデータをフルに活用することで、市場のニーズに適応し**多くの「瞬間的な優位性」を生み続ける**ことが可能になるのです。

2 トップダウンのファネルアプローチがはらむ危険性

続いて紹介する「パーチェスファネル」も危険性をはらむ、まさにトップダウンのアプローチです。いまだに人の購買行動が「認知」から始まる**ファネルのアプローチ**は絶対的な常識として受け入れられています。人は認知すれば買うという固定観念を前提に戦略が設計されてしまっているのです。確かにすべての消費行動のスタートは認知です。そしてマス広告によるリーチ数や影響力は非常に大きいです。しかし、現実の消費者に及ぼす消費行動のきっかけは、ブランドの認知だけではありません。認知はお金で買えますが、購買意向を高める興味や関心はお金では買えないのです。

膨大な広告費をかけて広く認知を獲得することから始まるこのアプローチは、顧客の興味や関心を引き、時間をかけて購買意欲を醸成し、最終的に購入させるという、**ファネル**

の上段から下段に消費者を徐々に下降させるトップダウンのアプローチです。確かに、この考え方は非常に論理的で、ステップごとに顧客を説得していくという明快な流れを持っていて、長年にわたって特にマス広告や大規模キャンペーンを展開する際には効果的であるとされてきました。

ここで簡単に、パーチェスファネルとは何かを説明します。

1. **認知（Awareness）**：消費者が商品・サービスを初めて知る段階。広告や広報活動、SNSなどを通じて消費者に情報を提供し、認知を広げます。目的はできるだけ多くの消費者にブランド名や商品・サービスの存在を知ってもらうことです。

2. **興味関心（Interest）**：消費者が商品・サービスに興味を持ち始める段階です。ここでは、製品の詳細な情報や特徴、利点などを提供し、消費者の関心を引きます。

3. **検討（Consideration）**：消費者が商品・サービスを比較検討し、購入を真剣に考え始める段階です。消費者は他の選択肢と比較しながら、自分にとって最適な選択を検討します。

4. **購入（Purchase）**：消費者が最終的に商品・サービスを購入する段階です。購入のプロセスをスムーズにするために、簡便な購入手続きや特典、サポートを提供します。

こうして自社の商品やサービスに対して、「消費者への状態の変化」を整理することで、各フェーズでのブランドの一貫した統一感や、リソース・予算投下の配分最適化を図れるといった側面で、非常に機能するフレームワークの一つとして認識されていました。しかし、現実の世界を思い出してみてください。全くブランド名を認知せずに選んだ多くの商品が皆さんの身の回りにあふれているのではないでしょうか。そう、認知は購買行動の起点かもしれませんが、必要なのは知る・知らないということではなく、自分にとって興味を抱くかどうか、必要性を感じるかどうかなのです。

ではそもそも、なぜファネル信仰は「ブランドを認知」させることを目的化してしまったのでしょうか。

テレビCMなどのマス広告を通じた認知拡大が効果的だったデジタル以前の時代には、認知によって多くの消費者を取り込み、大きな売り上げを達成できました。その背景として現在のように商品やサービスの選択肢が多くなく、機能や品質のばらつきが大きく、消費者が知り得る情報が少なかったことが挙げられます。購入への不安が付きまとい、購入できる場所も限られていたため、消費者にとって「認知しているブランド」は購入を決定付ける〝レバー〟に多大な影響を与えていたのです。

しかし現在の私たちの日常では接する商品・サービスの選択肢が圧倒的に増え、どの商品も機能性やクオリティーにさほどの差異はなく、興味関心に応じた情報がスマートフォンやパソコンを開けば自動的に提供されます。そして企業から発信された情報よりも、自身に近い消費者の生々しいリアルな体験談の方が消費行動に対して大きな影響をもたらすのです。同時に、24時間いつでもどこでも瞬間的に「物を買う」という行動が身近になりました。その結果、かつて信じられていたような段階的に時間をかけて進んでいくAIDMA

（Attention、Interest、Desire、Memory、Action）のような「購買行動」だけではなく、もっと瞬間的で感覚的な判断によるブランドへの購買行動が生まれるようになったのです。しかし、こうした消費行動の変化の変遷があったにもかかわらず、いまだに「ブランドを認知させる」手法と仕組みだけが残ってしまいました。

さらに、プラットフォーム側も消費者の嗜好に合わせた情報を学習し、提供すべき情報を最適化し続けることで、常に利用者の体験をアップデートしています。YouTubeで猫の動画を見れば、おすすめ欄は猫の動画で埋め尽くされるように、検索したキーワードや視聴した動画に合わせて丁寧にレコメンドしてくれます。逆に、消費者の興味関心や嗜好性に該当していなければ、情報が届きづらくなったのです。その結果、情報を提供する側の企業は、より目立つためにエモさや面白さを過剰に加え、話題性によるバズを生み出すことが目的化してしまったり、芸能人の起用や売り上げナンバーワンといったクレデンシャルという一過性の手段を優先してしまったりするのです。最終的に、本来ブランドが伝えるべき「消費者にとっての便益」から程遠い情報がつくられてしまうのです。これらの認知は、**「見た」というインプレッション（表示回数）の数を増やしているだけであって、消**

費者にとって購買意向を高めるアテンション（注視）を与えているわけではありません。

このようにトップダウンのファネルアプローチは、ブランドが選ばれるための**「買われる情報」ではなく、多くに人にリーチさせるためだけの「広がる情報」への傾倒**によって、「知っているけど買う理由がない、興味がない」という事態に陥ってしまうのです。

「買われる情報」から「広がる情報」へのボトムアップアプローチ

認知と獲得。この二つを広報部とマーケティング部という異なる部署で扱う企業では別々の戦略で扱うケースもありますが、それらは購入にひもづかない、ただのインプレッションを増やす認知を生んでしまう原因の一つです。

単純にチャネルや手法が違うだけではありません。社会や生活者に対して届ける「広がる情報」と、消費者に対して購入を促す「買われる情報」は、目的も対象者も求められ方も根本的に異なるのです。

一般的にマス広告や大規模なキャンペーンの目的は「リーチの最大化」です。そして、その対象者全員に対して耐え得る表現の抽象度が求められるのと同時に、見た人のアテンションを高める鋭さをも同居させなければならないのです。これが「広がる情報」です。

さらに、「広がる情報」のターゲットには「メディア」も含まれます。メディアに取り上げられることは、「情報」を広げるためには不可欠であり、それには取り上げられやすさを想定していなければなりません。メディアが求めている情報とは、「旬な話題」「限定感」「社会性」「地域性」「意外性」といった、ニュースバリューがある情報であり、それを見越した情報設計が必要となるのです。これらのことから「広がる情報」の設計には消費者が求めている情報よりも、メディアが求めている情報を優先する弊害が生じてしまうことがあります。

大規模な認知施策では費用も多大に発生します。それ故に、失敗を回避するため少しでも取りこぼしがないよう、できる限り広いターゲットを設定してしまいます。「Aさんだけではなく Bさんも、Cさんも……」

そんな設計でつくられた「広がる情報」には、「購入してくれたらいいなと願うターゲット」と「現実には購入してくれないターゲット」が多分に詰め込まれてしまい、その結果「薄くて広い」訴求が誕生してしまうのです。リーチの最大化とは、「購入の可能性があるターゲット」の最大公約数であるべきところが、できる限り広く多くのリーチという、広げることだけが目的化してしまうのです。当たり前ですが「メディア」の目的は、商品やサービスを売ることではありません。「生活者」や「社会」に対して、求められている情報を届けることであり、企業の販促支援をしているわけではないのです。しかし、メディアに取り上げられるために、企業は本来伝えるべきメッセージではなく、「メディア」の意向に準じた情報に設計せざるを得なくなります。

その結果、出来上がった「広がる情報」が、生活者にとって購入意向を高めるコミュニケーションであるかどうかは別の話になってしまうと、本来の認知から購入という目的をもくろんでいたパーチェスファネルによる戦略が成り立たなくなってしまうのです。

「本来の目的は、誰の購入意向を高めるための認知施策だったのか」という判断基準を定めておかなければ、認知施策はインプレッション（表示回数）を増やすだけの施策となってしまい、目的を果たすために機能しません。認知率が高くても購入されないということは、その問題は認知率ではなく、**認知のされ方そのもの**が間違っている可能性が高いのです。

一方、買われる情報とは何でしょうか。消費者は、一人ひとりそれぞれに違った課題や欲求を抱えており、その課題や欲求を生み出した背景や状況も異なります。それに伴って重要度や緊急度が違えば、頭に浮かんだ解決手段やブランド、そして現在使用している商品やサービス、それらに対しての満足度や充足度によって瞬間瞬間に求める便益は様々異なり、時に応じて変わり続けるのです。

例えば、同じ年齢だからといって、同じブランドを購入するわけではありませんし、同じ場所で同じブランドを購入したからといって、購入した目的や背景までもが同じではないのです。つまり、デモグラフィックデータや購買場所だけでは、ブランドが選ばれた「購買要因」を理解することはできないため、どんな状況下で発生したニーズなのかという、求めていた意味と、その背景となる意図をつなぐ文脈（コンテキスト）を踏まえた理解が

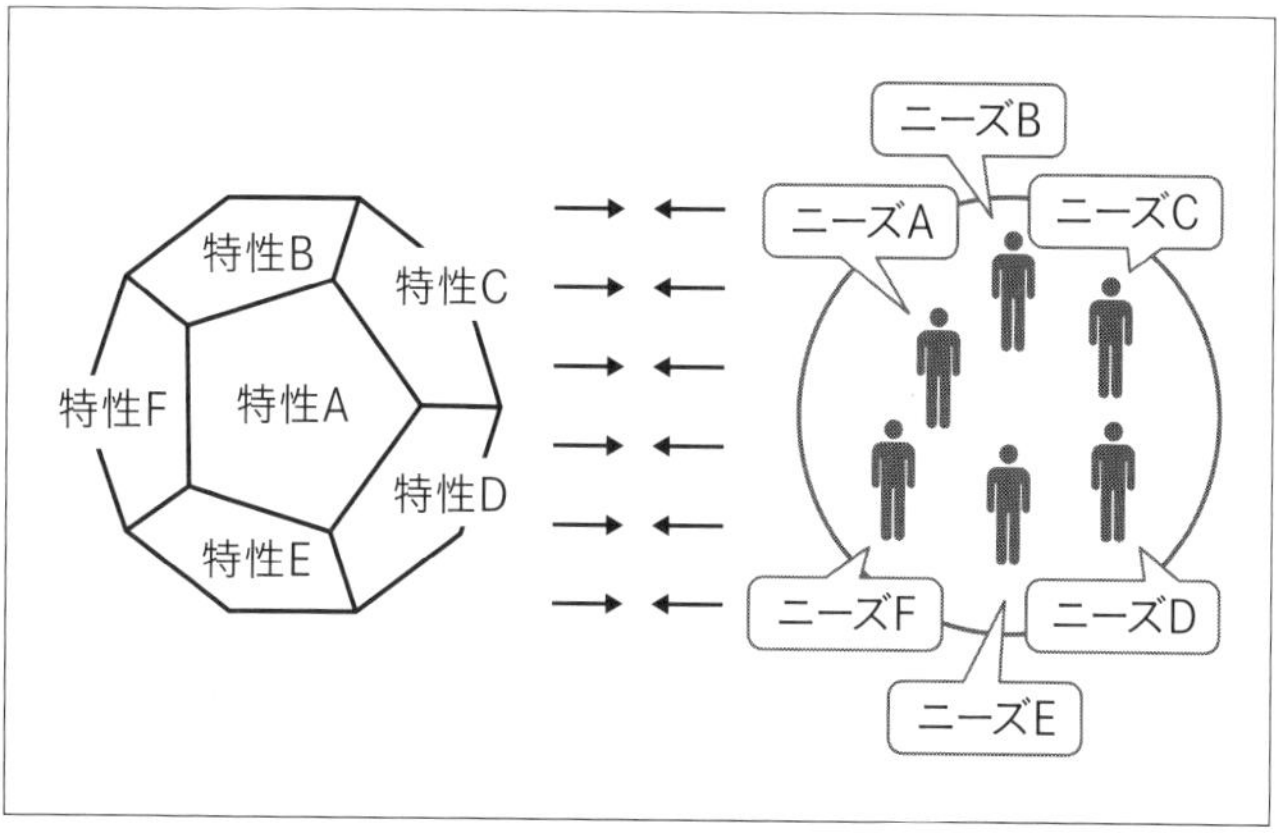

プロダクトと消費者のニーズとの多面的な接点

必要となります。

これらの多様で流動的な消費者のニーズに対して、ブランドのあらゆる特性を立体的に捉え、カテゴリーの特性やタッチポイント、消費者の状況、重要性や緊急性、そして競合性を踏まえ、ブランドが選ばれるための情報として設計をします。これが「便益」であり、**買われる情報**です。買われる情報は、マスコミュニケーションのような最大公約数のターゲットにワンメッセージで訴求するのではなく、実在する消費者が保有する超具体な課題に対して超具体な便益を伝えた結果、どれだけ購買につなげることができたかが重視されます。

「広がる情報」「買われる情報」について説明してきた通り、２つの情報は目的も対象者も役割も全く異なります。トップダウンのアプローチだけが重視されてしまうと、消費者とのコミュニケーションの中で「買われる情報」が欠落してしまい、現実の消費者が求めている具体的な便益が理解されないのです。テレビCMで芸能人を起用し、広告認知率が高まったにもかかわらず、そのCM動画をデジタル広告で使用してもコンバージョン（CV）が全く増えないというケースも多く見受けられます。この現象はまさしく「買われる情報」が含まれていないことが原因です。

このような事態に陥らないためにも、「広がる情報」には必ず「買われる情報」を組み込まなければなりません。これこそがボトムアップのアプローチです。

例えばユニクロを思い出してみてください。ユニクロのテレビCMとチラシは、ブランディングとセールスの成功例として挙げられることがあります。これは単にCMに芸能人を起用したり、品質の高さや世界観を表現したりしているだけではありません。「ヒートテック」「エアリズム」「ブラトップ」といった商品のCMでは「寒い冬でも暖かい」「夏の汗を速乾」「ストレスのないサポート力」という消費者にとっての「便益」が軸としてあります。商品のどんな「機能」が、どんな「効果」をもたらすのかが、具体的な生活シーンを通じて、消費者にとっての「便益」と感じるストーリーとして端的に説明されています。つまり、「買われる情報」が「広がる情報」に転換されているのです。「広がる情報」によってどんな「便益」をもたらしてくれるのか消費者が理解しているからこそ、チラシには芸能人を起用することなく、お得さという消費者にとって「今購入する理由」となる後押しのコミュニケーションを用い、それが機能することで来店を促しているのです。

整理すると、今までのようなトップダウンのファネルアプローチを仕組みだけで捉えてしまうことで生じていた、過剰な認知至上主義による「知っているけど必要ない」という認知の拡大ではダメなのです。ボトムアップの観点から「買われる情報」を起点に「広がる情報」に転換され、それによって広がった認知こそが、ブランド名が分からなくても何に役立つかという「便益」を通じた記憶となり、いざという時に消費者に思い出されるのです。

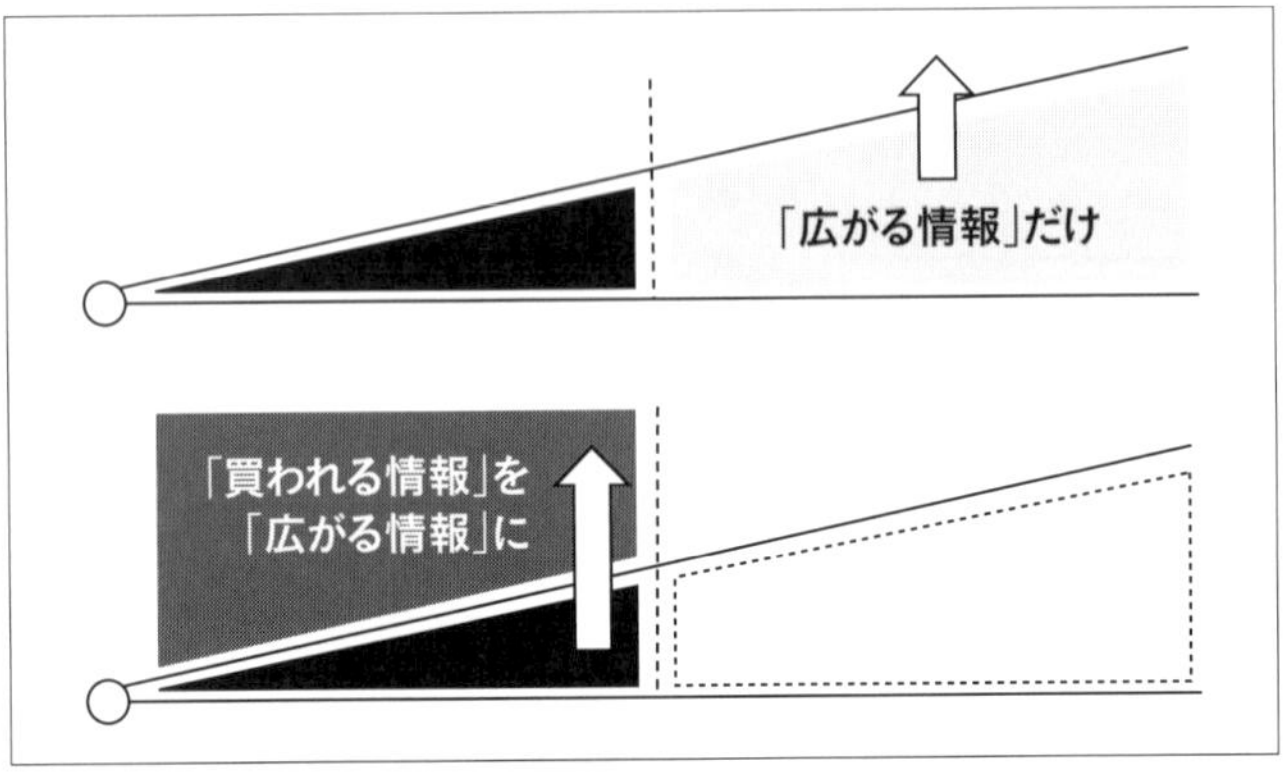

「広がる情報」だけを起点に考えるのではなく、「買われる情報」を「広がる情報」に転換することで、購買にひもづく認知となる

そのためにも「買われる情報」は何かを理解し、ブランドが買われた理由をどれだけ見つけられるかが重要となります。

3 顧客（Customer）が抜け落ちたトップダウンの3C分析

マーケティング戦略で欠かせないフレームワークの一つに、3C分析があります。3C分析とは「Customer（市場・顧客）」「Competitor（競合）」「Company（自社）」をそれぞれ整理するフレームワークで、自社の対外的・内在的な強みと弱みの理解を深め、自社を差別化するポイントの把握や自社の市場競争力を再認識するなど、様々な利点があります。

しかし、従来のトップダウンのアプローチによる3C分析は、市場（Market）を見る一方で顧客（Customer）を見落としてしまい、自社視点の「こんな人に購入してほしい」「こんな人が購入してくれるはず」という都合のいい顧客像をつくり上げてしまうのです。その結果、「存在しない顧客」のターゲティングや、購買要因にひもづかない「無意味」な差別化、「求められていない」自社のこだわりや強みといった、陥りがちなマーケティング

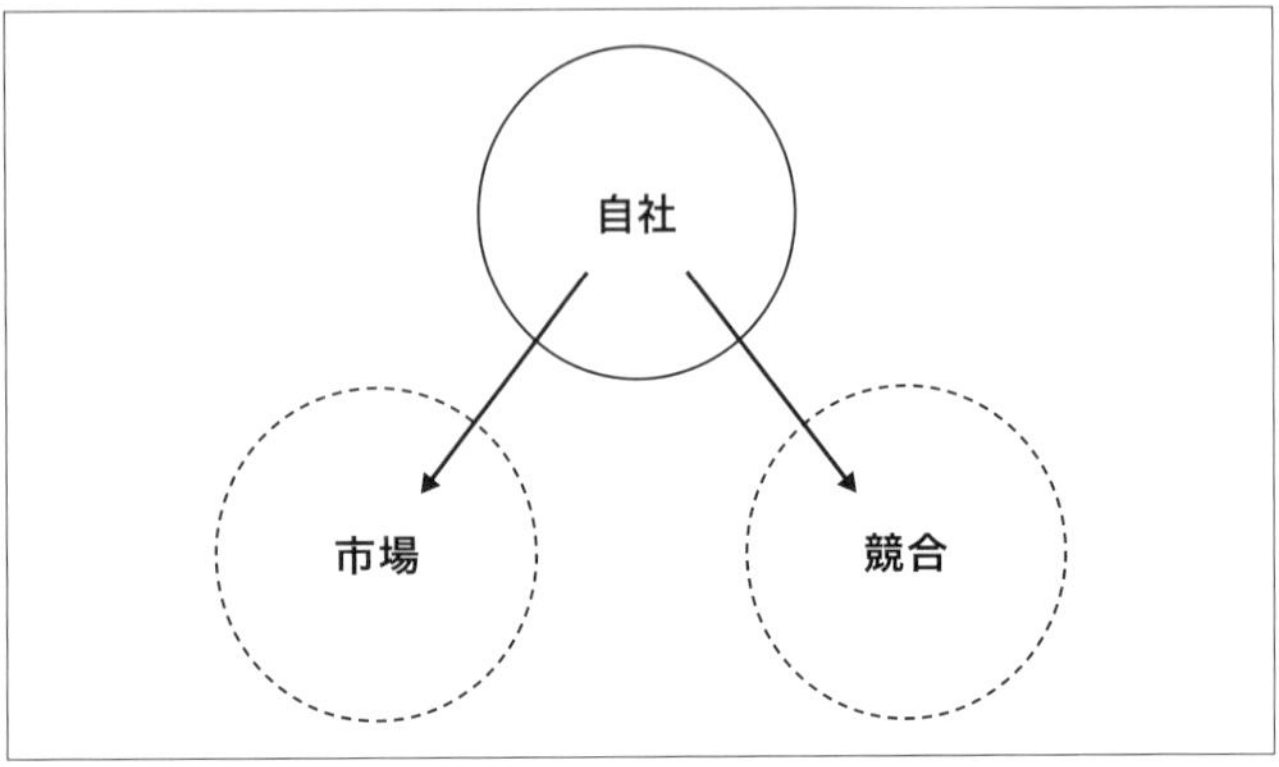

自社から見ただけの市場と競合が、都合のいい解釈を生んでしまう原因となる

の過ちを生んでしまうのです。

従来のトップダウンな3C分析の出発点は、**「自社（Company）」**から始まります。企業が持つリソースや技術力、機能、ブランド力をまず評価し、自社がどうありたいかを中心に考え、その強みをどのように市場で活用するかを検討します。

そして**「市場・顧客（Customer）」**分析では、広範な顧客セグメントに対してメッセージを発信することが前提のため、市場規模や成長推移、年齢や性別、購買チャネルといったデモグラフィックデータという**「市場（Market）」**ばかりを捉え、**「顧客**

(customer)」という観点がないがしろにされている傾向にあります。

そして**「競合（Competitor)」**分析では、業界全体から主要な競合他社と自社のポジションを比較します。競合の強みや弱み、戦略的な動向を分析し、自社がどのように優位性を生むことができるのかを検討します。ここでは、競合他社と同じ土俵で戦うことを前提に、特にマーケットシェアの争奪戦や価格競争が意識されることが多いのですが、競合の機能や表面上の施策ばかりに目が行くことで、ささいな差異ばかり強調し合うことによって、消費者から見ると違いが分かりにくい同質化が生まれてしまうのです。

このように3C分析は、**「自社」を起点**に「市場」と「競合」を捉え、ファネル全体の管理、リソースや投資計画の最適な配分、ブランドメッセージの一貫性と統一化をもくろんだ分析フローに陥ってしまいがちです。一見すると論理的な分析フローにも見えますが、これまでお伝えしている通り、「個」のニーズは多様化し、変化し続けています。その中で自社が思い描いている理想の顧客は存在しているのか、そして理想の行動を取るのかどうかは分かりません。

こういった不確実性の高い戦略アプローチでは、ブランドのエクイティと理想のターゲットの間に存在する「個」が持つ多様なニーズの解像度が低過ぎることで、**「分析したものの、具体的にどうする？」**という領域が現場任せになるような戦略になってしまうのです。

ではどうすればよいのか。重視しなければならないのは、自社ブランドを選んだ顧客と、競合他社を選んだ顧客から「なぜ自社ブランドが選ばれたのか」と「なぜ競合他社に奪われたのか」を特定し、「顧客（Customer）」を起点とした**「自社（Company）」**と「Competitor（競合）」を整理することで、具体的にどうすれば競合から顧客を奪えるのかを明らかにすることなのです。そのためには、**3C分析をマクロなトップダウンの観点ではなく、実在するミクロな顧客を起点としたボトムアップで分析**しなければなりません。

顧客起点のボトムアップ3C分析による「不確実性」の低減

顧客を起点としたボトムアップの3C分析は、今この瞬間の消費者の「個のニーズ」や「個の行動」を捉え、それに基づいて戦略をアップデートし、実行していくアプローチとなります。それによって「顧客が自社ブランドを選んだ理由」と「競合他社に奪われた理

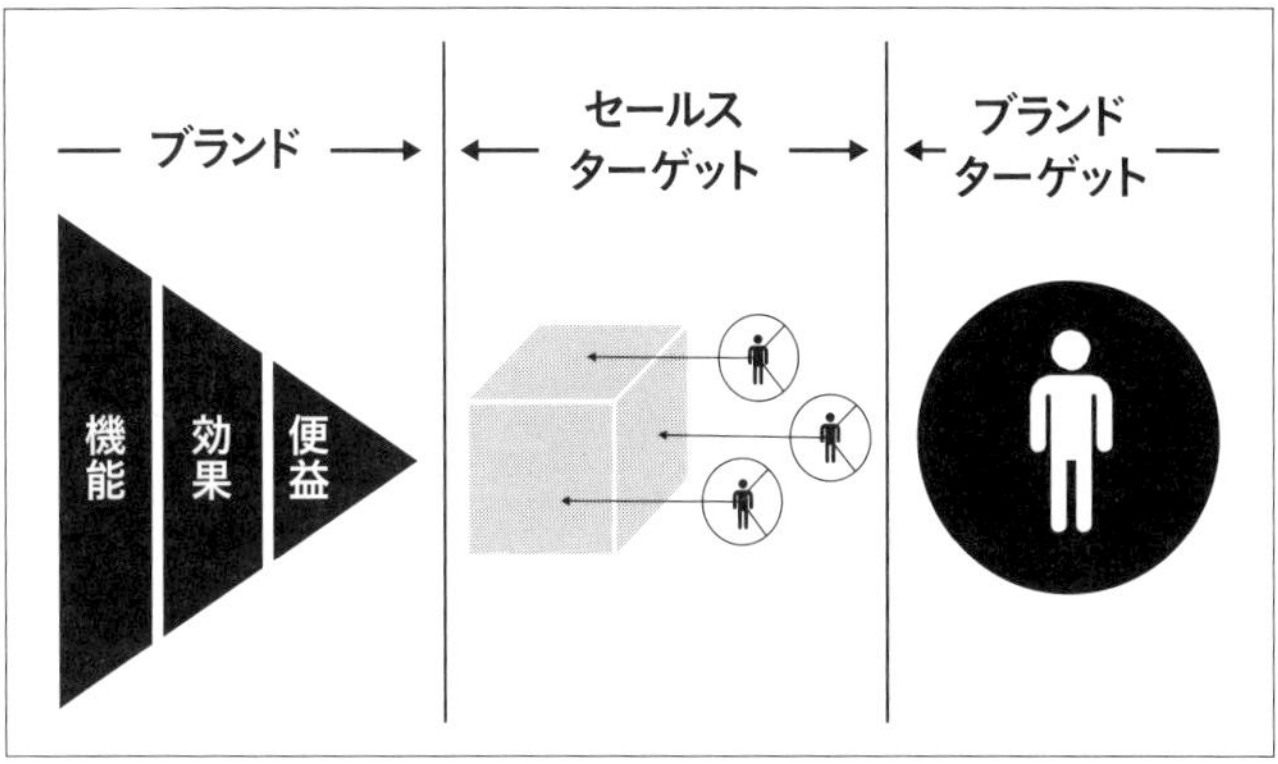

ブランドと、ブランドが定めたブランドターゲットの間には無数のセールスターゲットが存在し、このニーズによってブランドを捉える側面が異なる

由」を特定し、企業からの一方的なメッセージではなく消費者との双方向的なコミュニケーションによってブランドが柔軟に適応することで、競合から顧客をスイッチさせる戦略を可能にするのがボトムアップ3C分析の真骨頂となります。

ボトムアップ3C分析は、既に自社の商品やブランドの便益を理解し、受け取っている**既存の「顧客（Customer）」**が出発点です。既存顧客は、生活においてブランドに対して何かしらの価値を感じた結果、購買行動を取っています。その価値を感じた前後で生じた「行動」や「思考」には、どのような変化があったのか。その変化をもたらした「状況」を捉えることが、既存顧客の理解となります。同じ年齢だからといって「同じ商品」を買うわけでもなければ、「同じ場所やタイミング」で買うわけでもありません。

だからこそ、**購入に至った前後で発生した「行動」や「思考」の変化をもたらした「状況」を理解する**ことにより、「自社ブランドが選ばれた理由」を解き明かします。この既存顧客の理解によって「購入してくれる人」が分かるからこそ、何を伝えると〝既存顧客〟が増えるのか、という具体的な実務アクションに落とし込める解像度の高い顧客像が見えてくるのです。

顧客データの収集は、ソーシャルメディア、レビュー、顧客サポートからのフィードバック、A／Bテストやコンセプトテスト、インタビューやアンケートなど多岐にわたります。顧客の実際の行動や購入プロセスに基づいて、ターゲティングにおける不確実性を低減することが可能になるのです。

そして**「自社（Company）」分析**では、顧客のニーズに対して、商品のどの特性が適応できているかが評価の焦点となります。つまり、顧客から見て自社の強みは何かという**「選ばれる理由」の理解**となります。

多くの場合、自社が思い込んでいる〝自社の強み〟を打ち出そうとする傾向がありますが、それは「ブランドの在りたい理想の姿」を表現しているに過ぎません。あくまで、**顧客（Customer）から見た自社（Company）は、何を求められ、何に応えられており、何が不足しているのかを整理し、把握します**。自社の強みは自社が決めることではなく、顧客が価値を感じたポイントを重視するべきなのです。

そして**「競合（Competitor）」分析**は、顧客にとっての価値に焦点を当てます。競合他社がどのようにニーズを満たす便益を提供しているのか、それは同時に競合商品を選んでいる顧客が何を価値と感じ取り、競合商品を選んでいるのか。すなわち、自社にとっての**「競合に奪われている理由」を明らかにする**アプローチとなります。

同じカテゴリー、同じ売り場、同じ価格は当然ながら、同じ便益を提供する代替競合の検討も必要です。人はどんな状況下でどんな便益を求めるのか、その便益を提供する代替手段すべてが同便益競合となります。消費者がそれらの競合を選択している状況、理由、背景を理解することは、「自社が競合に奪われている理由」の理解となり、打ち手と連動する具体的な戦略に反映させられます。

このように従来のトップダウンのアプローチによるマクロな3C分析では、次の3つの観点から自社は何を訴求すべきかというコミュニケーションや戦略を設計します。

自社理解：自社の強みは何か？
市場理解：自社が狙う市場はどこか？
競合理解：その市場での競合はどこか？

一方で、ボトムアップのアプローチによるマクロな3C分析では、次の3点となります。

既顧客理解：どんな状況下で発生したニーズに対して、自社ブランドは選ばれたのか？

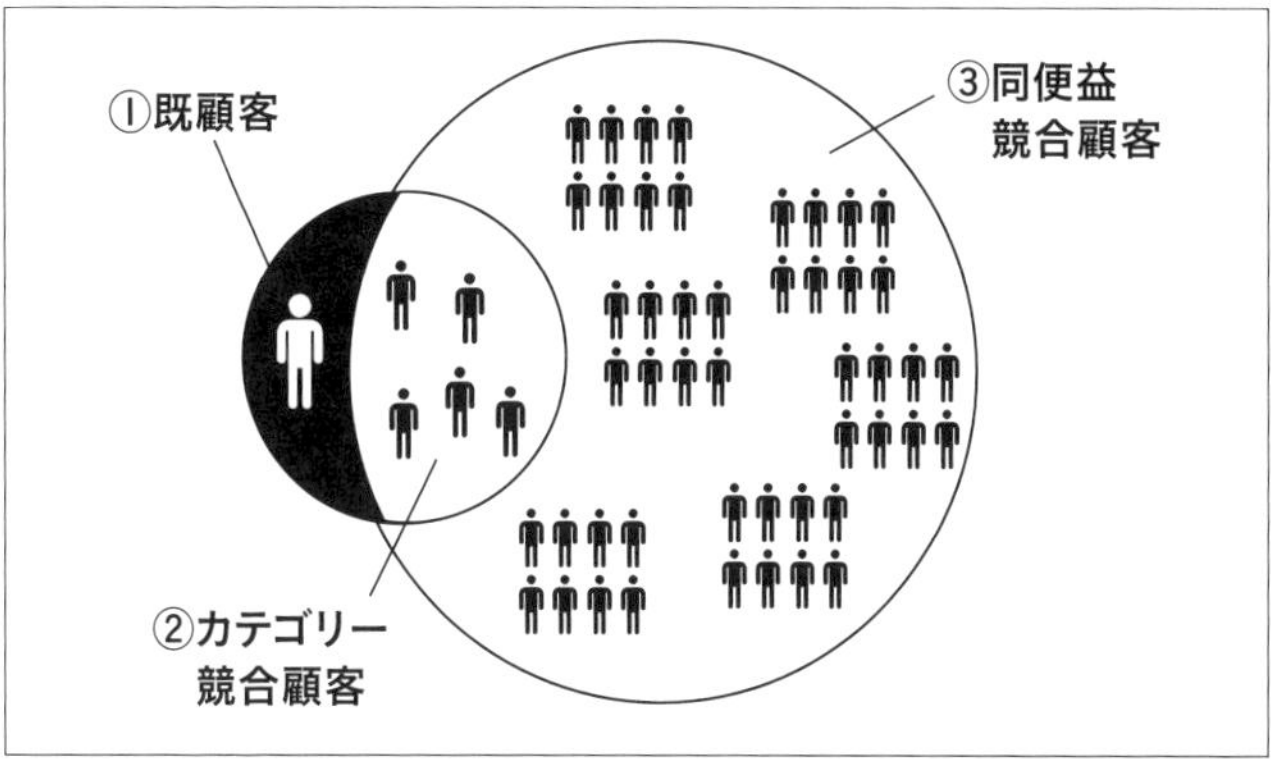

自社起点ではなく、自社、カテゴリー競合、同便益競合を利用する顧客を起点に差分を導き出すことで、顧客起点の3C分析が可能になる

自社理解：どんな特性による価値を感じて自社商品が選ばれたのか？
競合理解：顧客が頭に描いた「代替手段」は何か？　その代替手段が選ばれている理由は何か？

企業の内部リソースや市場全体をマクロに俯瞰《ふかん》的に捉えることから始まり、広範なターゲットに対して戦略を展開するという大規模で統一されたアプローチを取るのがトップダウンの3C分析です。それが失敗しがちなのは、自社が「購入してほしい人」「購入してくれそうな人」を探すアプローチに陥ってしまい、不確実性が拭い切れないからです。

市場理解	①自社が狙っている市場はどこか?
競合理解	②その市場に存在する競合はどこで、どんな戦略か?
自社理解	③自社の強みは何か?
コミュニケーション	④訴求軸は?
運用	⑤媒体×クリエイティブ×クッションLP×LP
検証	⑥広告データから顧客獲得効率が合う「訴求」「媒体」「クリエイティブ」を発見する

既顧客理解	①どんな状況下に発生したニーズに対してブランドが選ばれたのか
自社理解	②評価された商品・サービスの便益は何か?
競合理解	③求められている「便益」の代替手段は何か?
コミュニケーション	④どの代替手段から顧客をスイッチさせるのか? 代替手段ごとに対して自社の強みは?
運用	⑤媒体×クリエイティブ×クッションLP×LP
検証	⑥行動痕跡×行動結果から「CVとの距離が近いWHO」は誰か?

自社起点と顧客起点の運用から検証までの違い

一方、ボトムアップの3C分析は、既存顧客（Customer）を出発点として、自社（company）と競合／競合顧客（Competitor）から、双方の強み・弱みを捉え直し、実在する顧客を起点とすることで**不確実性を低減するアプローチ**となります。

マクロな観点に偏り過ぎるトップダウンの3C分析では、競合と市場を自社を起点に考えてしまうことで、顧客（Customer）が抜け落ちてしまい、具体的にどうすればよいか明確にならない情報整理にとどまってしまいます。対してボトムアップの3C分析は、常に自社の顧客、競合の顧客という顧客（Customer）を軸に情報を整理するため、誰に何をどこで伝えると競合から顧客を奪えるのかという、具体的な施策に落とし込むことが可能になります。つまり、戦略とクリエイティブの断絶といった多くの現場で発生している問題を防ぐことができるのです。

4 ブランディングという トップダウンアプローチの誤解

続いては**ブランディング**についてです。ブランディングという言葉はマーケティングと同様に、扱う人によって定義や解釈が異なり、いったい何が正解なのかは実に曖昧です。企業やブランドごとに〝正解〟と定めているブランディングが存在している一方、なんとなく一般的にイメージされている「ブランドの思いをカタチにする」だけでは消費者から選ばれるわけではないということは、多くの方が気づいています。

すぐに成果が出ない長期的な施策であるというイメージから、ブランディングを実施すること自体に意味を持たせてしまうケースも多々あります。例えば、おしゃれなパッケージやウェブサイト、ロゴといった表層面の表現によって、共感や憧れ、高級感、秀逸感を出すことと捉えられているケースを見かけます。しかし、派手なギミックや見たことのないレイアウトによる表現の絶賛や批判をしているのは、作り手となるクリエイターやデザイナー、エンジニアといった業界人ばかりで、消費者からは「使いづらい」「分かりづらい」という声はあっても購買の動機やブランド愛着の要因になったという声を聞いたことがありません。

繰り返しになりますが、ブランディングには短期間では成果が生まれにくく、長期的に効果を発揮する投資のようなものというイメージがあります。それらが消費者への感情的、心理的な認識（パーセプション）によって、ブランドに対しての主観的な評価を高める活動であると思われているため、前述のような誤解が生じるのです。

一般的に、ブランドの価値とは「自己表現価値」「情緒的価値」「機能的価値」など、いわゆるピラミッド型で説明されることが多く、上段に位置するのが自己表現価値と言われる、「自分らしさ」や「モノよりコト」というニュアンスで扱われています。まさに多くの**ブランディングとはブランド価値を高めるためのトップダウンのアプローチ**なのです。そのためにブランディング活動は**「いつかブランドが選ばれるため」**という名目で、長期的

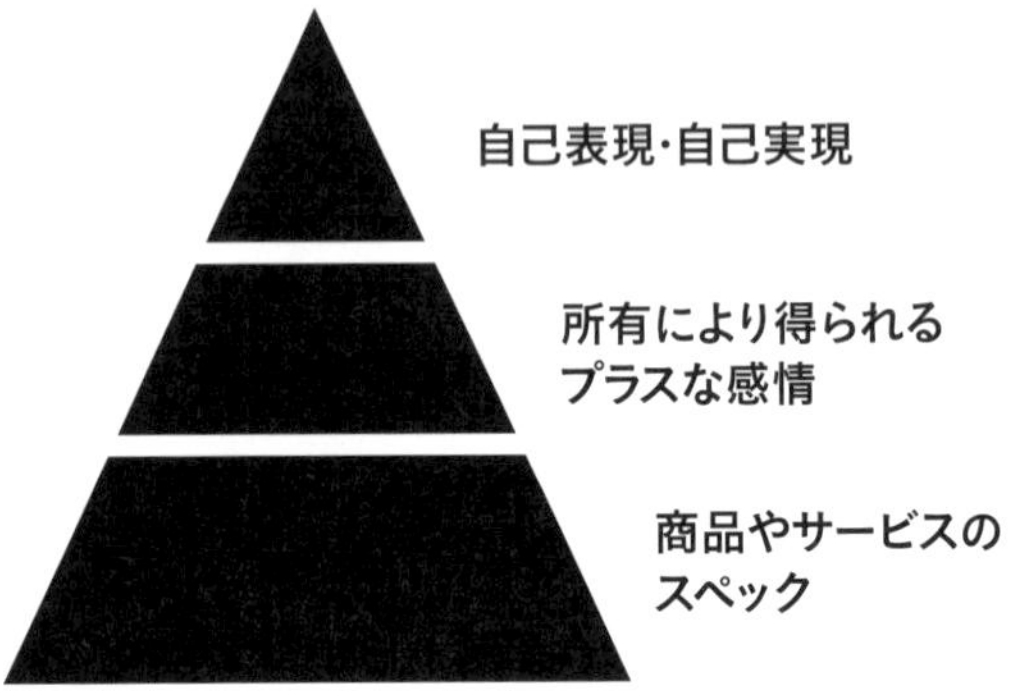

あくまで、商品やサービスのスペックによる「機能的価値」が土台に積み上がる

な施策として実施されているのです。

しかし、消費者にとっての選択肢も増え、消費行動が劇的に変化し続けている現在において有効とは言えないはずです。**「いつか選ばれる」**ためのブランディングとは、**消費者がその場でずっと同じニーズを持ってとどまっている**ことを前提に考えられてしまっており、先に他社ブランドに奪われてしまっていてはもう遅いからです。

デジタル化による消費行動の変化によって、ブランディングという言葉の在り方自体も大きく変化しました。

２０１９年の電通報では、「ブランドの価値創造は、従来の製品の機能・品質や広告によって作られたイメージだったものから、顧客の体験や関係による価値、そしてさまざまな人と共に創る共創になりつつある」とあるように、時代とともに変化し続けているのです。

この時代によって変化したブランド価値の変遷をまとめてみます。

ブランド価値の時代変遷が誤った認識を生む

保証（Guarantee）：信頼の基盤

ブランドは消費者に対して商品やサービスの一定の品質を保証する存在として認識されていました。特に産業革命期には大量生産により、消費者は製品の品質に対して不安が高まり、ブランドは「品質の証し」として機能しました。この「保証」はブランドの最も基本的な価値であり、今日でも重要な役割を果たしています。

機能（Function）：実用性と信頼性

消費者はブランドに対して品質保証だけでなく、具体的な「機能」を求めるようになりました。ブランドは消費者の生活を改善するためのツールとして、その機能性や実用性を強調し始めます。これにより、ブランドは単なる「信頼の象徴」から「問題解決のパートナー」へと進化しました。例えば、ジレットは「鋭い剃《そ》り刀」という機能を強調し、消費者にとって欠かせない日常のツールとなりました。提供する機能が消費者のニーズに応えるものであれば、そのブランドは消費者にとって不可欠な存在となり、強力なブランドロイヤルティーを築くことができました。

憧れ（Aspiration）：ステータスと自己表現

機能だけでは価値の差異が見いだせなくなると、ブランドは「憧れ」を提供するものとして進化しました。ブランドは消費者のライフスタイルやステータスを象徴し、自己表現や社会的な地位の表現手段となりました。

例えば、ロレックスやフェラーリなどのラグジュアリーブランドは、その品質や機能以上に持つこと自体がステータスとなるようなブランド価値を提供し、消費者の自己実現をサポートする重要なツールとして位置づけられるようになりました。

共感（Empathy）：価値観の共有と社会的責任

ブランドは、消費者の生活に密接な「共感」を提供するものとしての役割を担うようになりました。消費者は自分の価値観や信念に共鳴するブランドを選ぶようになり、ブランドもまた消費者との深い感情的なつながりを築くことが求められるようになりました。これにより、ブランドは単なる商品やサービスの提供者ではなく、消費者と共に社会的な課題に取り組むパートナーとしての位置づけが強まりました。例えば、パーパス（存在意義）を通じて、消費者が自分の購買行動で社会に貢献できるというメッセージを伝えることで、ブランドは単なる商品やサービスの提供者ではなく、消費者と共に社会的な課題に取り組むパートナーとして位置づけられました。

共創（Co-creation）：消費者と共に価値を創造する

今日のブランド価値の最前線は、「共創」にあります。ブランドはもはや一方的に価値を提供するだけでなく、消費者と共に新たな価値を創り出すパートナーとなっています。消費者は、ブランドと共に商品やサービスを開発したり、ブランドの発展に寄与したりすることを望むようになりました。この共創のプロセスは、消費者とのより深い関係を築き、ブランドの持続的な成功を支える重要な要素となっています。例えば、消費者がアイデアを出し、他のファンと共有することで新しい製品ラインを開発するような共創の取り組みによって、ブランドは消費者とエンゲージメントを深め、ブランド価値をさらに高めることができます。

以上のようなブランド価値の変遷は、競合他社の参入や類似品によって、時間の経過とともに品質や機能に違いがなくなってしまうコモディティー化への対応策として進化していったのです。

その結果、ブランドにとってのブランディングとは機能的な差異ではなく、消費者が商品を使用する際の感覚や体験、世界観といった感情的な要素が重視されるようになりました。消費者は「モノではなくコト」を求めているという認識も、このような背景から生まれています。しかし、ここで大きな誤解があります。

消費者は、モノを通じたコトを求めているのであって、決してコトだけを求めているわけではありません。消費者は「これを購入しても失敗しない」という品質の保証や機能によってもたらされる便益があって初めて購入の選択肢としてブランドを認識し、情緒や共感によってその選好性が高まり、共創によってより関係性が強固となるのです。

このブランド価値の土台となる「保証」や「機能」をないがしろにし、感情的なつながりばかりを重視してしまったことによって、「なんだか良さそうだけど、自分にとって必要ではない」という認識だけを与えてしまい、ブランディングは効果が見えない長期的な施策というイメージとなってしまったのです。

本来、ブランディングはマーケティング手段の一つであり、消費者にブランドを選ぶ理由、選び続ける理由を提示し、売り上げや利益を生む目的で実施します。「新ブランドをローンチ」というニュースや記事を見受けることがありますが、ブランドは顧客から選ばれ続けた結果の先に**「ブランドになる」**ものであり、ニュースで見たその商品やサービスは「プロダクト」です。この誤解も、企業起点による「私たちはこうだから」という、自社の理想の姿を主張することをブランディングと認識してしまっていることが生み出しているのです

ボトムアップのブランディング：買って良かったと思わせる力が「ブランドの信頼」

ブランドの世界観を好きになってもらい、信頼を担保することで「いつか選ばれる」ために行うブランディングでは、折り込みチラシのようなデザインや訴求をブランド毀損として禁止にしたり、統一感や一貫性にこだわったりすることがあるかと思います。しかし、ブランドへの信頼とは、決して「選ばれる前」だけに発生しているわけではありません。「選んだ後」にもブランドへの信頼は形成されているのです。

具体的には、**「買う前に欲しいと思わせる力」**を**「買って良かったと思わせる力」**が上

回った時に、「ブランドへの信頼」が発生します。

この、「買う前に欲しいと思わせる力」と「買って良かったと思わせる力」という概念を、梅澤伸嘉氏が10年間の相関研究を基に1984年に『消費者ニーズをヒット商品にしあげる法―商品コンセプトをどう開発するか』（ダイヤモンド社）で発表した**「C／Pバランス理論」**で整理してみましょう。商品力を構成する要素は「買う前に欲しいと思わせる力」と「買った後に買って良かったと思わせる力」から構成されていて、前者を「商品コンセプト（C）」、後者を「商品パフォーマンス（P）」と定義します。

自社プロダクトの「消費者の便益÷消費者のコスト」が競合プロダクトの「消費者の便益÷消費者のコスト」を上回っている際に、自社プロダクトを買う前に**「欲しいと思わせる力」**が発動されます。ここが高まらなければ、すべての認知施策はブランド側のエゴと言っても過言ではありません。

そして、自社プロダクトを購入前から使用中、使用後まで通じたすべての体験が、購入

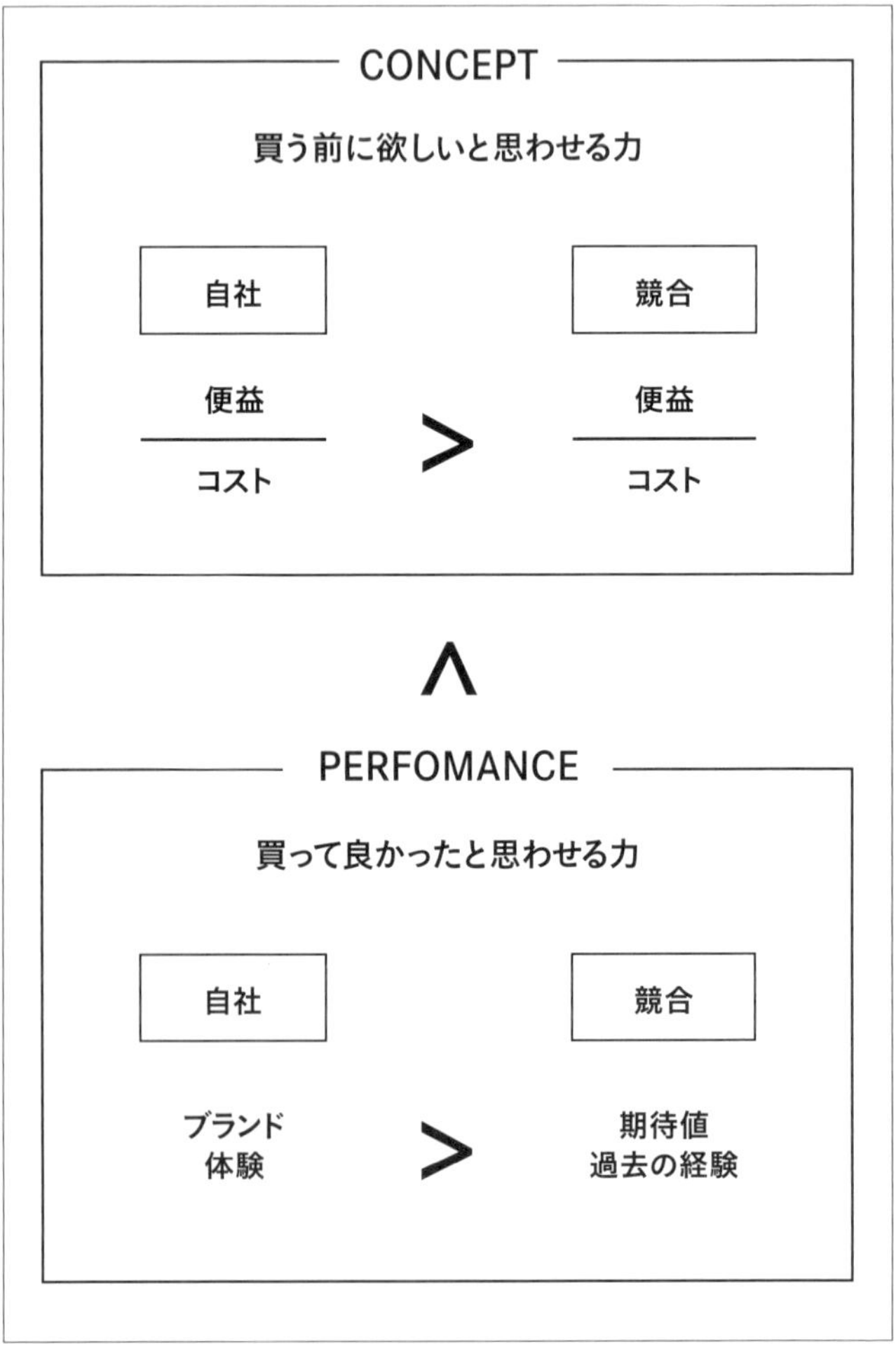

買う前に欲しいと思わせる力（C）より買ってよかったと思わせる力（P）が上回ることで、ブランドへの信頼が生まれる

前の期待値を超え、代替競合の使用体験を超えている際に、**「買って良かったと思わせる力」**が発動します。自社商品やサービスを継続して使い続けたいと思うからこそ、ブランドが発するメッセージにも耳を傾け、ブランドが目指す世界観に共感し、共にブランドを創りたいという感情も芽生える可能性が高まります。これを高める使用体験をデザインできないと、**「LTV（Life Time Value：顧客生涯価値）」**は高まらず顧客基盤が強化されません。

この「買う前に欲しいと思わせる力」より「買って良かったと思わせる力」を上回らせ、**「ブランドへの信頼」**を生むアプローチが、**ボトムアップのブランディング**なのです。

整理しましょう。「いつか選ばれる」ためのブランディングは、感情的・心理的なつながりばかりを重視してしまいました。しかし、消費者の購買行動やブランドへの愛着、信頼といった選好性は、必ずしも購入前だけで構築されているわけではありません。購入後に、「想像していたよりも良かった」「期待通りだった」という体験によって、次もここで買おうというブランドの信頼が積み重なる態度変容も起こり得るのです。そのためには**「今選**

ばれる」ことの重要性を改めて見つめ直す必要があります。

ブランドの好意度を高めることが無意味だと言っているのではありません。しかし、これほど情報やブランド、商品があふれる中で、一人の消費者がずっと同じブランドに対して「いつか欲しい」と考え、その感情を心にとどめ続けることは至難の業です。いざ必要となった時、その人は全く別のブランドを購入していることも十分にあり得るのです。**「いつか選ばれる」ためという曖昧なブランディングによって「今選ばれ」なければ、ブランドはブランドになれない**のです。

Column

選ばれ続けるための「選ばれ方」

Sparty（スパーティー／東京都渋谷区）は、オンライン上のカウンセリングにより、髪の状態や好みに合った処方を行う日本初（2021年12月、TPCマーケティングリサーチ調べ）のパーソナライズヘアケアブランド「MEDULLA」を提供している企業です。２０２４年にはシリーズ累計販売本数４００万本を突破するほど、デジタルマーケティングを駆使し、ヘアケアD２C業界をけん引しています。

パーソナライズヘアケアは、消費者の悩みや欲求に対して一人ひとりに合わせたソリューションを提供することが「便益」に当たります。そのため、いわゆる一般的なシャンプーのように、「髪のパサつきに」「癖毛に」「ボリュームに」といった一つの訴求軸に絞り込むことが難しく、パーソナライズ自体が独自性であり、便益であり、ブランドのコンセプトでもあるのです。

消費者に便益を理解してもらうには一定の期間や機会が必要であり、CPA（顧客獲得単価）をどう下げるかという課題が付きまとっていました。当然、チャネルや訴求、クリエイティブごとのCPAを徹底的に管理し、運用していました。そんな中、一つの勝ち訴求が見つかります。それが「香り」でした。商品の機能として、髪質や悩みに対して独自の配合により最適化した商品を提供するのですが、香りも好みに合わせられる特性がありました。

香りの訴求は非常に好調で、CPAが激減し、獲得数は大幅に拡大しました。しかし、それは長く続きませんでした。まず香りはMEDULLAではない他社商品でも訴求することができ、こぞって模倣されてしまうことで一定の期間が過ぎた頃にはコモディティー化してしまいます。特段珍しい訴求ではなくなってしまうことでCPAは急激に悪化。さらに、香りを「買いたいと思わせる力（コンセプト）」にしてしまうことで、パーソナライズだからこそ得られる便益を十分に伝え切ることができなくなります。消費者に対して便益が伝わらないまま購入を促すコミュニケーションに変わったことで、ブランドにとっての「買って良かったと思わせる力（パフォーマンス）」が十分に発揮できず、コンセプトとパフォーマンスのバランスが崩れたのでした。

そこで、継続購入回数が5回以上の「パーソナライズシャンプー」の便益を理解してくれているロイヤル顧客と、3回以下の「香り」便益を求めた顧客の差異に着目し調査しました。その結果、3回以下の顧客にとってパーソナライズによる便益は「あるとうれしい」という機能の一つと認識している傾向にありました。一方、5回以上の顧客にとってはパーソナライズは、なくてはならない便益と認識しており、香りという便益は「あるとうれしい」機能の一つに過ぎない認識だったのです。双方の顧客で全く逆転したブランド認識であることが判明しました。

この結果を踏まえ、CPA評価至上主義によって生まれた香り訴求の優先度を下げつつ、消費者の利用シーンの具体的な描写を増やします。また、特定の髪の悩みだけではなく気候や湿度、季節、体質によって変わり続けるすべての髪の悩みに対しての便益を事細かく提示するコミュニケーションに変更。それによって、高LTV層の獲得に成功し、許容CPAを高められたことで獲得数を拡大することに成功しました。

このように、ブランドが選ばれ続けるためのブランディングとは、「選ばれ方」

も非常に重要となります。短期的なCPA至上主義により、「今選ばれやすい」訴求を追い求めた結果、顧客はブランドの価値を十分に享受できなくなっていたのです。CPAよりもLTVが大事だということは、ビジネスにおいて誰もが認識し、重視している観点です。しかし、まだまだLTV起点でマーケティングを実施できている企業は多くありません。この事例のように、ブランドがもたらす便益を最も分かっているロイヤル顧客を理解するコミュニケーション設計によって、コンセプト／パフォーマンスのバランスが保たれ、高LTV層の拡大につながるブランディングとなるのです。

5 組織のトップダウン構造がPDCAのPを長引かせる(「Pが長過ぎ問題」)

組織構造でもトップダウンは存在しています。意思決定が上層部、つまり経営陣やリーダー層、マネージメント層から下位のメンバーへと伝達される構造を持つ組織形態です。この形態では、組織の目標設定や戦略の決定が上層部で行われ、その指示や目標が下位の各層に伝達されることで組織全体が動いていきます。大規模な企画やキャンペーンを実施する際、企業内部の多くのステークホルダーが関与し、意思決定に関わるため、多人数の合意形成をしながら慎重に進められることが一般的です。

プロジェクトの発端は経営陣が起点となり、マネージメント層、リーダー層を経て現場に落とし込まれます。そして、企画がその逆のプロセスをたどって上申されます。その際、戦略策定で「失敗したくない」という心理が働き過ぎ、仮説に仮説を上塗りしてしまうという問題が生じるのです。この「PDCAのPが長過ぎ問題」は、組織のトップダウン構造が生み出す典型的な失敗の一因と言えるでしょう。

PDCAをおさらいすると、「Plan（計画）」「Do（実行）」「Check（評価）」「Action（改善）」の頭文字をとったもので、企業が継続的に改善を行うためのプロセスとして広く知られています。特に、品質管理やプロジェクト管理でPDCAサイクルは重要なフレームワークとして機能します。

PDCAサイクルの本来の目的は、計画を立て、実行し、その結果を評価し、次のアクションに反映させることで、持続的な改善を行うことにあります。しかし、トップダウン型の組織構造によって生まれたマーケティング戦略では、このサイクルがゆがめられることが少なくありません。特に「Plan（計画）」の段階が過度に長引くことで、戦略全体が非効率化し、結果として失敗に終わるケースが多くの現場で見受けられます。

「Pが長過ぎ問題」の発生メカニズム

この「Pが長過ぎ問題」が発生するメカニズムを時系列に沿って解説したいと思います。

ステークホルダーの慎重な姿勢

トップダウン戦略では、多くのステークホルダーが戦略の策定に関与します。これにはマーケティング部門だけでなく、経営層、営業部門、製品開発チーム、法務部門など、様々な関係者が含まれます。大規模なキャンペーンやプロジェクトでは多額の予算が投入されるため、失敗のリスクを最小限に抑えたいという心理が働きます。そのせいで関係者は計画段階で慎重になり過ぎる傾向があります。誰もが自分が承認した戦略で失敗したくはありません。

しかし、100%確実なロジックやエビデンス、フレームワークというものはこの世に存在しません。もし存在するなら、もはや意思決定者は不要です。しかし、過去から現在に至るまで意思決定者が存在し続けていることは、100%確実なものなどないことを証明しています。

仮説に仮説を上塗りする

失敗回避が目的化してしまう風潮が強まると、初期の仮説に対して、さらに仮説を上塗りする形で計画が進められます。例えば、ターゲット市場の選定に関しても、最初の仮説に対して「もしこの市場が反応しなかったら」という懸念が生じ、その対策として別の仮説が追加されます。これが繰り返されると計画の複雑さが増し、もともとの目的から逸脱してしまいます。

計画段階の過度な長期化

仮説の上塗りが続くと計画段階が過度に長期化します。関係者がそれぞれの懸念を解消するために追加のデータやリサーチを要求し、次々と新しい仮説やシナリオを検討するため、計画の最終化に時間がかかります。このようにして計画段階が延びることは、マーケティングのスピード感を損ねるだけでなく、リソースの無駄遣いにもつながります。

リスク回避のための非効率な決定

ステークホルダー間の合意を得るために、多くの妥協や非効率な決定が行われることがあります。本来であれば迅速かつシンプルな戦略が望ましいのですが、過度な慎重さ故に、複雑で重たい戦略がつくり上げられることになります。この結果、計画段階で想定していたリスクが避けられないばかりか、新たなリスクが生じることもあります。

「Pが長過ぎ問題」の影響とその結果

続いて、そのリスクや悪影響について解説しましょう。

スピード感の喪失による対応力や競争力の低下

計画段階で過度に長期化すると、実行段階に移行した時点で市場環境や消費者のニーズが既に変わっている可能性があります。トップダウン戦略は、もともと大規模であるため柔軟に対応することが難しいのですが、計画段階が長引くことでさらにその対応力が低下します。市場の変化に迅速に対応できず、結果として競争力を失うリスクが高まります。

リソースの浪費

長期化した計画段階では多くのリソースが費やされます。これには時間、労力、そしてコストが含まれます。本来であれば、これらのリソースは実行段階や評価・改善段階に活用されるべきものですが、過度に慎重な計画作成でリソースが無駄遣いされることになります。さらに、複雑化した計画を実行に移す際にも、無駄なプロセスや冗長な管理体制が必要となり、コストが膨れ上がる可能性があります。

成功しない戦略の生成

最も深刻な問題は、これだけのリソースを投入し、時間をかけたにもかかわらず、最終的に成功しない戦略が出来上がってしまうことです。計画段階での仮説が複雑化し過ぎた結果、実行段階での効果が薄れ、成果が出ないことがあります。さらに、過度に複雑な戦略は現場での実行や運用が難しく、計画通りに進まないことも多々あります。

「Pが長過ぎ問題」は以上のように非常に多くの、そして根深い影響を及ぼします。さらに、トップダウン戦略のもう一つの大きな課題は、その**硬直性**です。大規模であり、多くのリソースが投入されるため、一度計画が始動すると軌道修正が難しくなります。市場の反応を見て、リアルタイムで戦略を変更することが求められる今のビジネス環境において、こうしたアプローチは大きなリスクを伴います。消費者のニーズや市場の動向が変わる中で、初期の仮説に基づく戦略をそのまま推し進めることは、むしろ逆効果となることも少なくありません。

ボトムアップ戦略による「Pが長過ぎ問題」の解決策

そこで、これらの**トップダウン戦略による弊害を改善するために提唱したいのが「ボトムアップ戦略」**です。

ボトムアップ戦略では、**顧客中心のアプローチによる迅速な意思決定**を可能にするために、まず顧客のニーズやフィードバックに基づいて戦略を立案します。仮説に仮説を重ねるような過度な慎重さは避けられます。顧客からの直接のデータや声に基づいて迅速に意思決定するため、計画段階が短縮され、実行に移るまでのスピードが格段に向上します。

最小の検証結果やテストマーケティングを積み重ね、リアルタイムでのフィードバックを受けながら改善を行います。この柔軟性を重視したアプローチにより、実行と改善のサイクルを素早く回すことが可能になります。市場の変化にも柔軟に対応でき、結果としてリソースの浪費を防ぐことができます。そして、顧客の反応や市場の動向を見ながら戦略を柔軟に調整するため、最初から完璧な計画を求めるのではなく、実際の結果というファクトを重視した計画立案が行われます。「Pが長過ぎ問題」を回避しつつ、実行可能で効果的な戦略を構築することができるのです。

市場に対してニーズを問い、得られたフィードバックからプロダクトやプロモーション、価格、売り場も含めた戦略を最適化し続けられることがボトムアップ戦略の利点です。多大なデータがあれば確かに最適解を導き出せるかもしれません。しかし、確実性を高めるデータ収集にも時間は要します。そこから戦略を設計していては遅いのです。少ないデータの中から仮説を立てて実行し、それによって得られたデータを基に新たな仮説を立てるようなスピード感がなければ、顧客は競合に奪われてしまいます。戦略の有用性となる鮮度が損なわれてしまうからです。

最適化を繰り返すことで理解できることは、「自社が選ばれる理由」です。選ばれる理由が分かるということは、選ばれる可能性がある**「ポテンシャルの高い顧客」**が定義できるということです。これまでのような**「不確実性」**に対しての仮説の上塗りではなく、確実性の高い**実在する顧客ニーズを起点とした戦略設計**が可能になります。マクロ過ぎて実務に向かなかった自社都合の戦略や3C分析、ブランディング、マスコミュニケーションにおいても、「不確実性」を最小限に抑えることが可能となるのです。

0→1を殺してしまうトップダウンの意思決定

少し話は変わりますが、ビジネスプロジェクトのフェーズについて話させてください。ビジネスプロジェクトの進行には、0→1、1→10、そして10→100という異なるフェーズがあります。これらのフェーズは、それぞれ異なる目的とアプローチが求められ、適切な視点で評価されなければなりません。しかし、0→1フェーズでの意思決定を10→100の視点で評価してしまうと、すべての初期段階のアイデアが潰されてしまうリスクが生じます。各フェーズの目的を明確にし、それに応じた評価と意思決定を行うことが重要です。

例えば、0→1という言葉から新規事業の開発などを思い浮かべる方も多いのではないでしょうか。しかし、売り上げの低迷や事業の拡大のため、ブランドが既存の市場を変える、顧客を変えるといったリブランディングも、ある意味、0→1フェーズとして捉えなければなりません。

しかし、0→1の目的とは「不確実性の低減」に必要な最小限の事実収集です。事実には、「市場で本当に困っているのか」「お金を払ってまで欲しいと思っているのか」「自社を競合と比較しても選ばれるのか」「自社の収益に見合うのか」……様々な観点から最小の事実を収集します。ただし、0→1フェーズはまだまだそれらの観点から一つの要素だけでも明らかにするためのフェーズです。

例えば、新しい顧客に向けて新しい訴求をDMやチラシ、ディスプレイ広告やSNS広告によってテストを実施したとします。その結果、CVは生まれたとします。0→1フェーズとして市場の需要性は確認できたので、目的の一つは果たせている状態と言えます。しかし、CPAが合わない場合や、CV数が足りない場合など、10→100の視点から見ると収益性が合わず、この新たな試みによって発見した訴求自体を失敗と評価してしまうことがあります。本来は新しい顧客や市場への拡張の可能性を見つけられたかもしれませんが、その可能性すらも殺してしまう恐れもあるのです。

ボトムアップの戦略を取り入れる際は、0→1、1→10、10→100という各フェーズの目的を理解し、それぞれに適した評価と意思決定を行うことが不可欠です。そして不確実性を減らしながら、最終的には確実性のある大規模展開を目指すために、フェーズごとの違いを認識し、適切に対応することが求められます。この視点を持つことで初期段階のアイデアが確実に成長し、最終的には大きな成功へとつながるのです。

1章まとめ　デジタルを活用したボトムアップを戦略に

1章では、過去は通用していた「トップダウン」というアプローチによって発生している課題を、現在のマーケティング環境に適応し続けるという対極のアプローチとして、「ボトムアップ」という表現で紹介しました。

過去のマーケティングでは、「どれだけ認知させられるか」が売り上げに直結していました。しかし、魅力あふれるコンテンツがこれほど飽和する現在においては、認知ではなくどれだけ消費者に対して購買意向を高める「興味」や「関心」を持ってもらえるかがとても重要で、難しい世の中になりました。極端な話として、単に興味を引くだけなら猫や芸能人を使えばいいのですが、それで商品が売れるでしょうか。恐らく難しいと思います。興味からCVまで、消費者の購買意向にひもづく感情と売り場の設計が持続しなければ、パーチェスファネルの購買プロセスからいなくなってしまうのです。だからこそ重要なのは、画一化した戦略の遂行による硬直化を排除し、選ばれる可能性を高めるために小さな変化を見逃さず、絶えず最適化し続けることなのです。

この消費者の変化をリアルタイムで発見するには、デジタルが欠かせません。デジタルを活用したデータの可視化は、現代のマーケティング戦略をアップデートするために不可欠な要素です。デジタルツールを駆使することで、消費者の「行動結果」や「行動痕跡」を定量的に把握することが可能になり、それに基づいて具体的な戦略を構築するという強力な手段を手に入れたのです。

「このアプローチで果たして本当に消費者から反応が得られるのだろうか」と悩んでしまうマーケティングにおける不確実性も、デジタルを用いて検証することで得た結果から低減することができるのです。この章で紹介したchocoZAPの大量の広告バナーやランディングページもその一例です。売れるかどうか分からず、仮説の確からしさを積み上げようとするのであれば、ぜひ早々に試してみてください。実際にニーズを問い、現実の消費者の反応を見て適応し、小さな失敗の中から正解のかけらとなるデータを収集し続けることで、精度を高めていくのです。デジタルを活用すると、それが実現できるのです。

マーケティングらしいマーケティングを理想とするあまり、1から10まで緻密に設計された戦略をイメージしてしまいますが、現実はそううまくはいきません。企業が「勝ちパターン」や「再現性」といった理想を追い求めることは悪いわけではありませんが、再現性の高い必勝パターンは存在していません。だからこそ、この章ではトップダウンに固執するのではなく、ボトムアップの有用性を紹介しました。

しかし、その一方で、デジタルを活用したボトムアップばかりに傾倒するあまり、トレードオフとして重要な観点を見落としてしまうようになりました。それは、消費者の「行動の背景」への想像力です。

データの可視化によって、消費者の行動、つまり「行動による結果」や「行動の痕跡」を可視化することはできたのですが、なぜこの人たちはクリックしたのか、なぜこの人は他の箇所より注意深くページを読み込んでいたのか、なぜこのページから離脱したのか、なぜ購入に至らなかったのか、または購入に至ったのか……。これらの行動の背景にあった「行動理由」や「行動動機」といった、人の感情を見逃してしまうようになってしまったのです。

この章で説明した「戦略」「ファネル」「ブランディング」「組織」という4つのトップダ

ウンがもたらす、現代のマーケティング環境における課題の根本的な原因は「顧客の未理解」です。顧客の理解とは、単に年齢や性別、年収を知ることでもなければ、性格や嗜好性を知るといった「消費者のひととなりの理解」をすることではありません。

市場にニーズを問い、フィードバックを得て、最適化をし続けることが顧客を理解するために最も近道だとすると、デジタルの活用を切り離すことはできません。デジタルツールを活用したデータの可視化は、ボトムアップアプローチを支える基盤であり、素早く戦略をアップデートするためには欠かせない手段です。

しかし、消費者の行動結果だけに注目するのではなく、その背景にある「心理的変化」や「行動の動機」の理解を怠ってはいけません。データから得られる、消費者の本質的なニーズや欲求を捉えることが、真に効果的なマーケティング戦略を構築するために必要です。こうした視点を持ち続けることが、ボトムアップアプローチを成功に導く鍵となり、変化の激しい市場環境での競争優位を確立するために欠かせない要素となるでしょう。

2章では、このボトムアップのアプローチによる戦略には欠かせない「顧客理解」と、今選ばれるための**「ブランドとのCVとの距離」「コンバージョン・エントリー・ポイント(Conversion Entry Point／CVEP)」**について紹介します。

BOTTOM-UP MARKETING

第2章

CV（コンバージョン）との距離と、CVEP（コンバージョン・エントリー・ポイント）

顧客理解の3つの誤解

購入の可能性が高いターゲットは誰ですか？

この質問に皆さんはどう答えられるでしょうか。様々なマーケティングの書籍や教科書にも書いてある通り、多くの方が「顕在層」と答えるのではないでしょうか。顕在層とは、既に特定のニーズが顕在化している層を指しており、SEO（Search Engine Optimization／検索エンジン最適化）やリスティング広告、リターゲティングなどによって、顕在層をいかに購買行動に誘導できるかがウェブマーケティングにおいては高い優先度で実行されています。しかし、消費者の購買行動の変化や、競合との競争激化に伴う市場において、果たして顕在層だけが購入の可能性が高いターゲットと言い切れるのでしょうか。

「2023年　日本の広告費」（電通）では、総広告費が7兆3167億円（前年比103・4％）と過去最高を記録し、インターネット広告費は3兆3330億円（前年比107・8％）とこれも過去最高を記録したことが報告されています。また、検索連動型広告と呼ばれるリスティング広告は、前年比109・9％の1兆729億円となり、インターネット広告媒体費に占める構成比は39・9％となっています。

年々成長し続けている広告費用が意味するのは、「競合との競争激化」です。顕在層を狙っているのは自社だけではありません。競合が次々参入し、同じ媒体で同じターゲットを狙い、他社に奪われまいと割引キャンペーンなどのインセンティブ訴求を強化することによって、購入の可能性が高いはずであった顕在層の獲得難度が上がっているのです。

近年、同様のテーマがマーケティングのコンテンツでも見受けられますが、その多くが潜在層へのアプローチの必要性で締めくくられています。私としては半分正解で半分誤りだと考えます。そもそも、消費者を「顕在層」「潜在層」という、たった2つのカテゴリーで分け、顕在層だけが購入の可能性が高いという認識自体が、**顧客解像度を下げている**要因なのです。

そこで、私が取り入れるべき概念として提唱したいのが**「CV（コンバージョン）との距離」**です。CVとの距離とは、ブランドと消費者との間にある購入難度であり、難度が低いほど、CVとの距離は近い存在となります。

今、目の前に商品を差し出し、便益を伝えることで最も購入の可能性が高い顧客は誰でしょうか？　自社のブランドは、悩みが顕在化しており、今まさに探している人だけにしか購入されないのでしょうか？

消費者の心理状態は、日によっても時間によっても多様に変化し、その瞬間ごとに課題の重要度や求める便益も変容します。そんな中で、いまだにファネルに沿って顧客を区分けしたり、ペルソナやインサイトといった企業視点による理想の顧客設定をしたりしていては、それらの変化に追い付くことはできません。第2章では、1章でのボトムアップアプローチを前提に、**多くの「瞬間的な優位性」を生み続ける**ために不可欠な「顧客理解」

についての誤解を正します。そして、顧客理解とは何を理解することか、今ブランドが選ばれるために必要な顧客理解のメカニズムを解き明かしたいと思います。まずは、顧客理解の誤解について解説していきます。

顧客理解の誤解①：セグメント

セグメント（群）による顧客理解で「個」のニーズは理解できるのか

マーケティングにおいて、顧客理解として活用されるのがセグメントです。つまり顧客を「群」として捉えることで、コミュニケーションを効率的に行うのです。ただし、この「群」での顧客理解の弊害として、「個」が持つ複合的なニーズとの乖離《かいり》が生まれてしまい、結局何を求めているのかが分からなくなるのです。

「40代女性の約○％が体重を気にしていて痩せたいと思っている」というデータがあります。このデータを元にセグメント（群）と捉え、詳細のターゲティングを絞り込むとします。

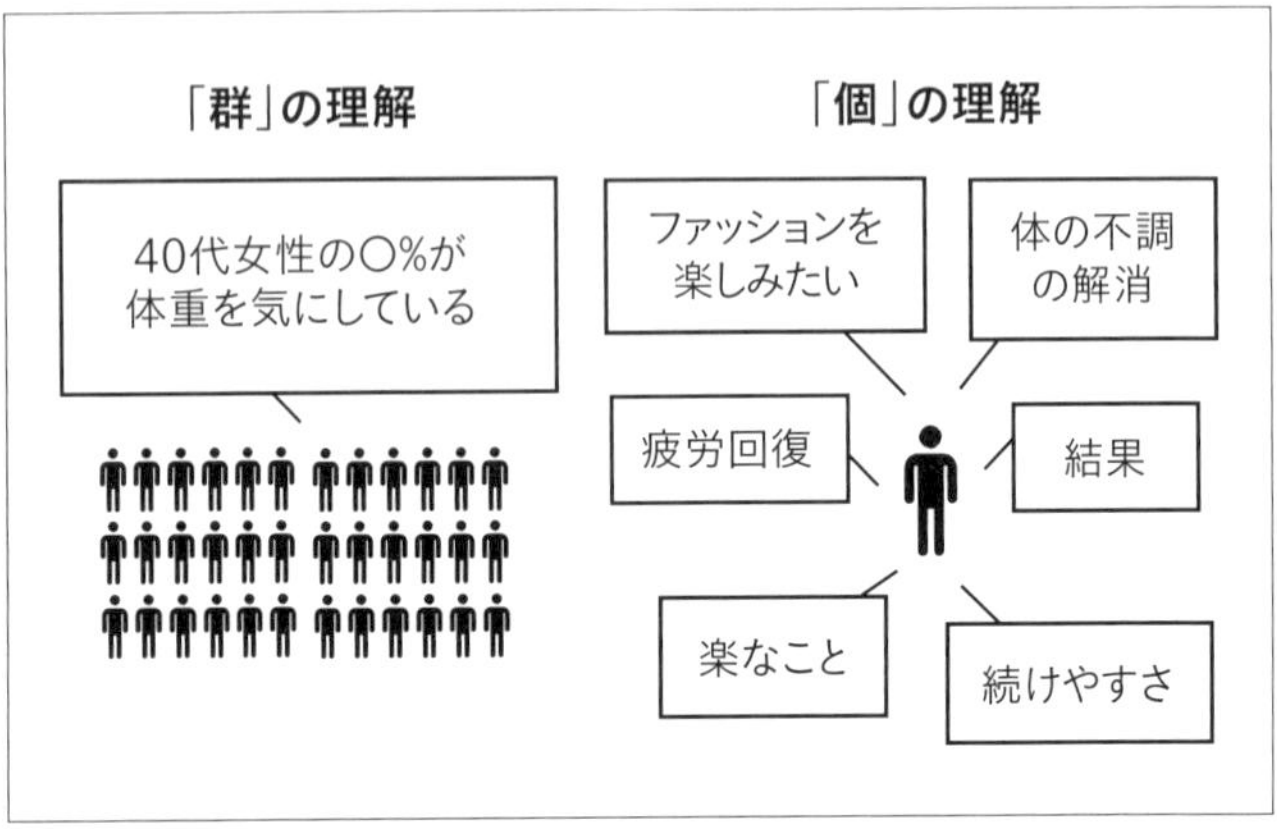

ダイエットに対しての、群の理解と個の理解

しかし、個別に「ダイエットに求めるもの」という問いでインタビューした結果、「楽しみたい」「楽したい」「疲労回復」「続けやすさ」「ファッションを楽しみたい」といったニーズが複数見えてきます。かつ体重を気にしているのにもかかわらず、実際にはダイエットをほとんど実施していないという、気にしている課題や欲求と実際の行動が異なるケースも発生してくるのです。

マーケティングの実務上では、市場をセグメントという群で切り分けてターゲティングすることは非常に効率的で明快である一方、なぜそのような欲求と行動の差異が生まれたのかという背景が分からなくなることはよくあります。

つまり、「体重を気にしている」の背景を知るには、セグメントではなく、個別のニーズを正しく理解し、その差異を生んでいる要因は何か、どのフェーズでニーズが変化して差異が生まれているのかを把握しなければ、解釈を誤ってしまうのです。そのため、マクロからのアプローチだけではなく、ミクロも同時に捉え、この群と個の行き来をしなければ分断が生じてしまい、設計していたセグメントに対して誤ったコミュニケーションを取ってしまう恐れがあるのです。

顧客理解の誤解②：ペルソナ

本当にマーケティングでペルソナは活用できるのか

（ペルソナ例）

石井香織　47歳　女性　専業主婦　江東区在住

4人家族（夫45歳・長男12歳・長女9歳）世帯年収900万円
Instagramで猫アカウントや都内のカフェを日ごろからチェック。趣味はカフェ巡り。最近体重が増えて気になっている

一般的にはこのような人柄の描写を含めた「消費者自身」のイメージが理解できる情報を「ペルソナ」として作るケースが多いのではないでしょうか。私も以前にこのようなペルソナを取引先企業に共有してもらい、「このペルソナに向けて売っていきたい」と相談を受けたことがありました。しかし、役に立った記憶が全くありません。

そもそもペルソナの目的は、顧客の目線に立ち、解像度を上げるために作られています。しかし、多くのペルソナは、「購入してほしい人」という企業視点による願望ターゲットの平均値で作られてしまい、存在していそうで存在しない人物が作られてしまうのです。

極端な例ですが、「朝はホットコーヒー、ランチ後はアイスコーヒーを飲む」という行動

パターンを発見し、両方のニーズを一度に満たそうとする平均的な「ぬるいコーヒー」を望むペルソナを作ってしまうようなものです。

自社が優位になるポジションを確立するため、広大な市場を効率的に群として区切り、資源投下を集中すべきセグメント層のことを、一般的に「ターゲット」と呼びます。一方、ペルソナとは、設定したターゲットを具体的に表す人物で、言い換えれば**「データの共通項に性格や人柄、価値観などの人物描写によって解像度を高めた人物像」のことを指します**。例えば、顧客データやアンケート結果、口コミ、SNSなどには、文脈や背景、生活様式、嗜好など、人格を表す多くの情報がちりばめられています。しかし、多くのペルソナには「購買行動」にひもづくデータがほとんど含まれておらず、今現在の状態を固定化したに過ぎない情報ばかりが含まれています。

では、このペルソナを使ってどうすれば、ブランドを選んでもらえるでしょうか。その具体的な施策が浮かばないのであれば、そのペルソナはもはや機能していないのです。

顧客理解の誤解③：インサイト

本当に「顧客理解とは顧客のインサイトを捉えること」なのか

マーケティングの世界では顧客インサイトを捉えることがとても重要だと言われています。人の購買行動は合理的に考えているようで、実は心の奥底で90％以上を占める潜在意識下に潜むインサイトによって動かされているというのです。

インサイトというものは確かに存在しているかもしれません。しかし、「これこそがターゲットのインサイトです！」と言ったところで、それが正しいのかどうかを確かめようがありません。この実態のない〝幽霊〟のようなインサイトの存在を追い求めるアプローチは、高度な職人芸のように再現性が低く、私はマーケティングの実務において予想の範疇《はんちゅう》に過ぎず、ファクトとしては機能しないと考えています。

では、何を明らかにすべきなのか。それは**商品やブランドに価値を感じる特定条件となった「状況」**です。状況は消費者にとって「問題や欲求」を生み出す原点となる特定条件です。

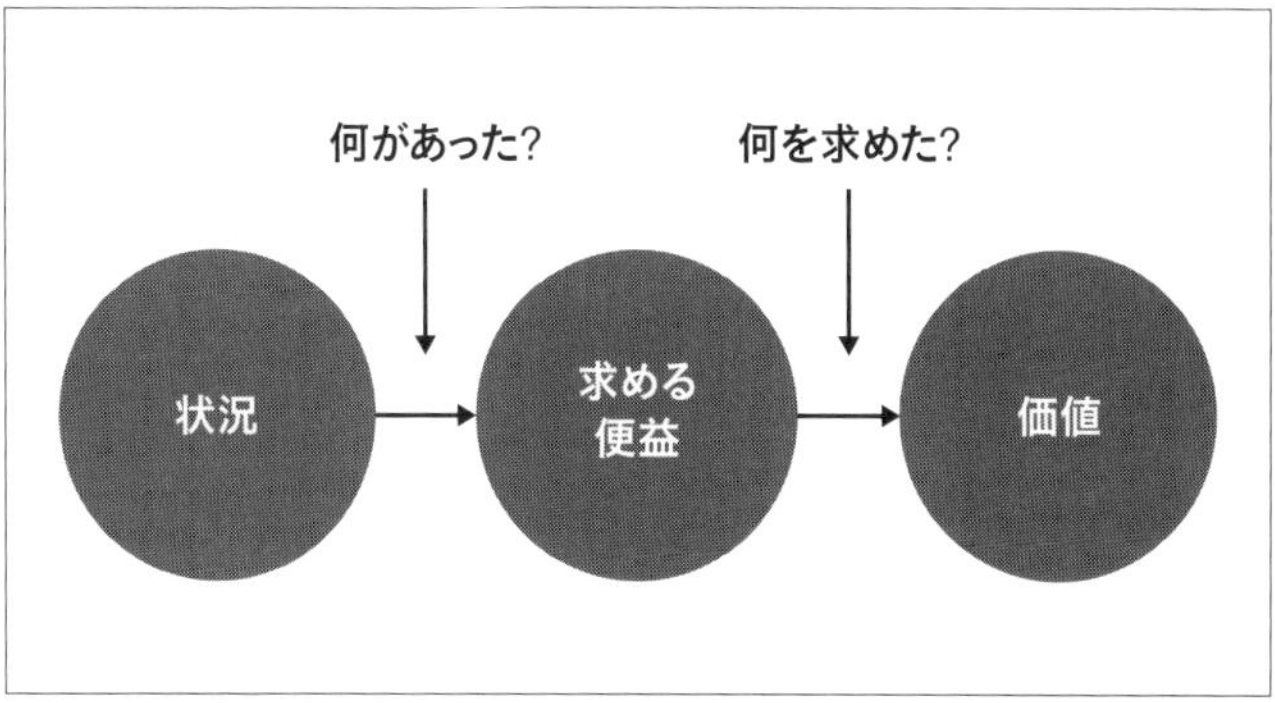

ニーズを知るということは、ブランドが価値に変わった状況と、その時に求めた便益を理解すること

購入した人は日常生活において何かしらの特定条件となる「状況」が発生し、今までになかった心理や行動の変化が起こり、購入したことがなかったブランドに価値を見いだしたのです。ここで、顧客インサイトは何か?という問いになると、難度は非常に上がり、何か提示したとしてもそれが正解なのかどうかは分かりません。

禅問答のようにインサイトを探るよりも、このブランドに価値を見いだした「状況」は何か、その時に求めた「便益」は何か、つまり顧客の「心理」ではなく、ブランドが選ばれた理由となる価値を最も享受できる状況という「特定条件」を導き出す方が、よほど再現性は高いと考えます。

顧客理解とは、思考や行動が変化する「状況」を理解すること

顧客理解、つまり**「WHO（誰に）×WHAT（何を）」**が重要でありながら、WHOという項目に固執するあまり、年齢や性別といったデモグラフィックデータや機能しないペルソナを作ってしまう――。これが失敗に陥る原因でもあります。

この粗い解像度での顧客理解では「CVとの距離」が近いターゲットを見極めることができず、戦略自体が機能しなくなるのです。ではCVとの距離を見極める〝レバー〟とは何か。それが「状況」です。

顧客は状況をきっかけに行動や思考が変化し、便益を求め、解決手段を購入しているのです。つまり、顧客の解像度を上げるには、まさにこの**ニーズが発生する状況を捉える**こ

とが非常に重要なのです。

WHOは誰か？ どんな課題があったのか？ どんなニーズを持っているか？ これらの観点で見てしまうと、どうしても顧客像は「自社の都合」に偏り、「購入してほしい人」を描いてしまいます。

化粧品なら「肌に悩んでいて困っている人」、不動産なら「部屋探しに困っている人」、というように自社の商品やサービスのカテゴリーを受け入れてもらえる最大公約数を選定してしまい、その結果、実務では役に立たない顧客像だけが生まれてしまうのです。困っているのは事実かもしれませんが、自社ブランドを購入するかどうかは、また別の話です。

このニーズが発生する「状況」を捉えるというアプローチは、WHO（誰に）ではなく**「WHEN（いつ）×WHERE（どこで）」**で説明することになります。

・母の日が近い時に、たまたま寄ったデパ地下で
・育児に疲れていた時に、同じような境遇のママのブログを読んでいて
・忙しくて自分の身なりへの投資ができていなかった時に、同窓会が決まって
・次のミーティングまで30分しかない時に、少しでも何か食べておきたいランチタイムに

以上のように、顧客が **「WHEN（いつ）×WHERE（どこで）」** で発生したニーズを起点に、自社のブランドに対して欲しいという欲求に変化したのか、つまり価値を見いだしたのかという「ブランドが選ばれた理由」の解明となります。この「特定条件」を理解することにより、「どうすればブランドを選んでもらえるのか」という具体的な施策に落とし込めるのです。

先ほど例として挙げた **「母の日が近い時に、たまたま寄ったデパ地下で」** は、「母の日が近い時」というWHEN（いつ）と、「デパ地下で」というWHERE（どこで）によって、

母の日のプレゼントを買っていないという状態と、プレゼントを渡している理想の状態とのギャップを認識することになります。また、そのギャップを解決する手段の探索は、贈る相手によっても自身が理想とする「在りたい姿」が変わります。義理の母には「失礼のないものを渡したい」でしょうし、実の母には「もらって気を遣うことなく喜ぶものをあげたい」という感情が芽生えるかもしれません。相手との関係性によって、求める便益はグラデーションのように変化するのです。

他にも、贈る相手との物理的な距離や、相手の好みをどれだけ知っているかという情報量の多さ少なさ、自分が支払える価格と相手に対して失礼のない価格なども求める便益にひもづく〝レバー〟となります。

そして重要なのは、その「特定条件下」で発生したニーズの解決策として、**頭の中で発生し検討した「代替手段」**は何か、というポイントです。生み出すべきコミュニケーションは、何を伝えれば、この代替手段からのスイッチをはかれるのかということです。

ここまで整理できると、代替手段として同じデパートで販売されているケーキ、和菓子、洋菓子、花、ハンカチ、化粧品、服、フルーツ、食器などが想定されます。それぞれの代替手段によって消費者が得られる便益は何か、その便益を得た一方で満たされない「未充足なニーズ」は何か、それらを加味した上で、自社の便益は何かという順番で整理します。

自社の便益は、大きく「機能的便益」と「情緒的便益」、そしてそれらの信ぴょう性を保証するRTB（Reason To Believe：信じる理由）に整理します。

価格や日持ち、配送指定、原材料、素材といった**機能的便益**は、「ちゃんと母の日に届けられる」「配送費が無料」「2週間日持ちするのですぐ食べ切らなくても大丈夫」「添加物が入っていないなどのアレルギー対策」「ちょうどいい金額やコスパ」など、消費者にとって「選ぶ理由」の土台となります。

お店の雰囲気や商品自体のデザイン、造形から感じられる「おしゃれさ」や「おいしそう」といった、個人的な感情や価値観、評価基準によって判断される**情緒的便益**は、贈る相手に対して「失礼のないように思われたい」「喜んでもらいたい」「どれを選ぶのが無難なのか分からないから間違いがないものを選びたい」など、購買後に得られる自分の感情的な便益となり得ます。

また、「テレビでも紹介されていた」「いつも長蛇の列で売り切れている」「高級感のある包装紙」といった要素が、品質を保証するＲＴＢ（信じる理由）となり、その期待する便益を保証する役割を果たすのです。

「ターゲットは誰か？」という問いは、マーケティングの本質的ではあるものの、ＷＨＯ（誰に）を定めることは、個人によって解釈の幅が広がり過ぎてしまいます。アウトプットされる顧客像の抽象度が高過ぎてしまったり、またピンポイントに絞り込み過ぎてしまったりすることで、主観や想像が含まれ過ぎて現実味がなくなり、マーケティングの実務で機能しないケースが生じてしまいます。

しかし、ブランドが選ばれるきっかけをつくった「状況」を捉えるというアプローチは、

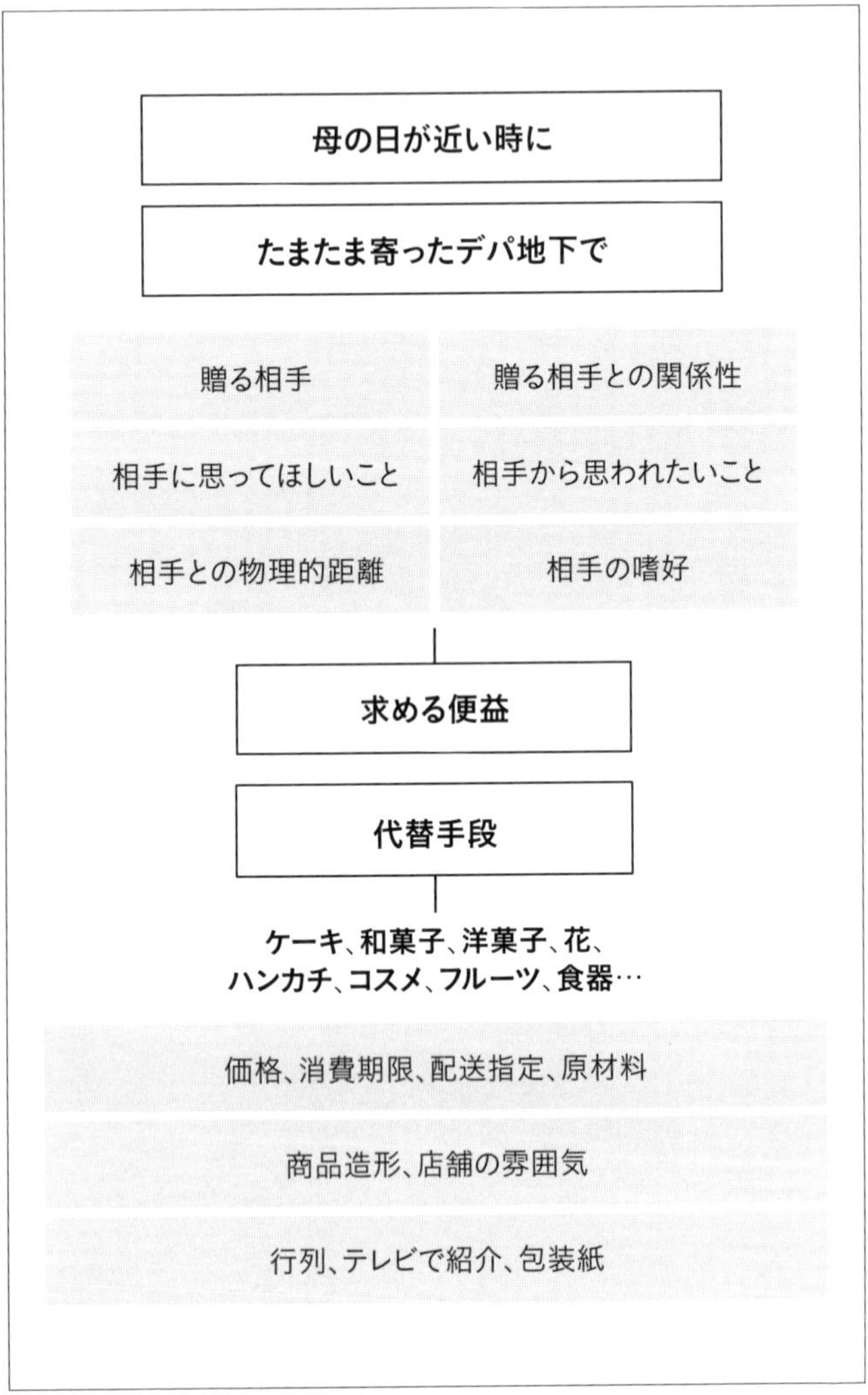

WHO（WHEN×WHERE）と捉えると

目に見えなかったインサイトの探索に頼ることなく、ブランドが選ばれる特定条件の解明へとつながるのです。

そして「状況」という特定条件を、WHEN（いつ）×WHERE（どこで）という要素で洗い出すことで、自社商品の「便益」を最も理解してもらえるコミュニケーションを開発することが可能になり、それが顧客理解へとつながるのです。つまり、このニーズが発生した**「状況」**と、その際に求めた**「便益」**、その時に想起された**「代替手段」**が、**ブランドと消費者との「CVとの距離」を見極める大きな〝レバー〟になる**のです。

マーケティング戦略を立てる時、先入観によって、競合や自社の便益を決めつけていることはないでしょうか。しかし実際には、ブランドが選ばれる理由は人によって異なり、その理由によって競合の選定や自社が提示すべき便益も異なって当然なのです。

ブランドが想起される「状況」：カテゴリー・エントリー・ポイント

「カテゴリー・エントリー・ポイント（Category Entry Point／CEP）」という概念をご存じでしょうか。この用語は、オーストラリアのマーケティング研究者であるバイロン・シャープ氏の著書『ブランディングの科学』（朝日新聞出版）で広く知られるようになりました。この書籍は、近年のマーケティングコンテンツにも大きな影響を与えています。

CEPとは消費者がブランドを想起するシチュエーションや瞬間、状況を指しており、思い出されるシチュエーションが多いほど、そのブランドが選ばれる可能性が高まるのです。

通勤時の朝食

外出時の子供と一緒の食事
コーヒーを買いたい時
友人や家族が集まる時

これらの状況やシチュエーションは、「マクドナルド」を思い出すきっかけになるCEPと言えます。一方で、人によっては近所の喫茶店やコンビニ、ファミリーレストラン、宅配ピザにとってもCEPとなる可能性があります。そのため、できるだけ多くの状況やシチュエーションで、そのカテゴリーの代表としてブランドが想起されれば、選ばれる可能性を高められるのです。

従来のマーケティング手法では、まずブランド認知度を高め、次に検討対象とするように促し、最終的に購入に至らせるというプロセスが一般的でした。しかし、CEPの概念では、ブランド名の認知度よりも、消費者が実際に購入を検討する瞬間にどれだけ強く思い出されるかが重要視されるのです。

確かにこのCEPの考えは理にかなっているように見える一方で、その**ブランドが提供する「便益」が、既に消費者に理解されていることが前提**となります。

例えば、消費者が「腸内環境を整えるサプリメント」のブランドを知っていたとします。しかし体調を崩した際、その商品が**「季節の変わり目による体調不良に効果的」という便益を提供していることを知らなければ、購入時にブランドが想起されることはありません。**

つまり、CEPを機能させるには具体的な「便益」を消費者に理解させ、いざ必要になった時に想起されるためのアプローチが必要となります。これを実務において考えるとどうでしょうか。一定の頻度で消費者との接触をつくり、ブランドと消費者との間に便益を理解してもらうには、相当量の広告出稿や時間が必要になりそうです。

加えて、今日の消費者は日常的に大量のブランドとの接触にさらされており、**規模が小さいブランドや認知率が低いブランドにとって、このCEPの考え方は場合によっては実務に応用しづらい**とも考えられます。こういった点などから、ブランドが今選ばれるための戦略アプローチとして、果たしてCEPが最適なのかという疑問が残ります。

ブランドが今選ばれる「便益」：コンバージョン・エントリー・ポイント

数多くのシーンで想起される可能性を高めるCEPへのアプローチによって、選ばれる力を強化し、売り上げを上げるというロジックは非常に納得度が高く、多くの企業でも意識的に取り入れようと試みているのではないでしょうか。

しかし、何度も強調しますが、この変化が激しく消費者や競合の動向が予測しづらい市場において、中長期的な戦略を基にCEPを増やすというアプローチは、「瞬間的な優位性」を生み出す仕組みとして機能するかどうか懸念が残ります。

一定のブランド規模や広告出稿規模があれば可能かもしれません。しかし、「今なぜブランドが選ばれているのかという理由」も理解していない状態で、獲得したい顧客だけを見据え、CEPを増やし、「認知率」や「選好性（プレファレンス）」を高めたとしても、ブランドが選ばれる可能性があるかどうか……。この点に関して「不確実性」が拭い切れません。繰り返しになりますが、「いつか選ばれる」ための戦略は、未来が予測できているから可能なのであって、予測できないのであれば「今選ばれる」ことを起点に戦略を考えなければならないのです。

そこで私が提唱したいのが、**コンバージョン・エントリー・ポイント（Conversion Entry Point／CVEP）**という概念です。

消費者の「状況」にフォーカスしたCEPの概念とは違い、**CVEP**はその**「状況」で求めている「便益」と「代替手段による未充足なニーズ」**にも焦点を当て、消費者のニーズに対して自社の商品を最適な選択肢として提示し、購入を促すのです。

状況：通勤時の朝食

状況：外出時の子供と一緒の食事
状況：コーヒーを買いたい時
状況：友人や家族が集まる時

これらは先ほど例に挙げていたCEPですが、CVEPはその状況下で求める「便益」と、その時に利用している手段、もしくは頭の中で浮かんでいる代替手段では満たされていない「未充足なニーズ」を挙げていきます。

状況：通勤時の朝食
便益→忙しい朝に短時間で食事を済ませたい
便益→同時にメールチェックなどもしたい
未充足→朝のマクドナルドだと混雑していて席が取りづらい

状況：外出時の子供と一緒の食事
便益↓子供が騒いでも気にしなくていい
便益↓子供が喜ぶメニューがある
便益↓手軽な価格の食事ができる
未充足↓ジャンクフードばかり食べさせたくない

状況：コーヒーを買いたい時
便益↓移動中や仕事の合間に手持ち無沙汰の解消や息抜き
未充足↓どうせなら本格的なコーヒーが飲みたい

状況：友人や家族が集まる時
便益↓複数種類でシェアしやすい食事を用意したい
未充足↓1人1種類で足りるのかどうか分からない

ＣＥＰでは、これらの状況でブランドを想起させるためのアプローチが必要でした。ただ、この想起を得るためには一定のブランド認知率と選好性が必要になり、小さなブランドが早々にそれらの想起をつくることは非常に難しいです。また、消費者の代替手段からブランドスイッチやカテゴリースイッチを可能にするＣＥＰが分かっていない以上、「不確実性」の高い施策と言わざるを得ません。

CVEPは、既にブランドの「便益」を理解している既存顧客や代替競合の利用者の分析により、ブランドの価値が最も享受されやすい「状況」と、その際に「求められている便益」「代替手段での未充足なニーズ」を捉えることで、1章で紹介したchocoZAP（36ページ）のようにウェブマーケティングを通じて直接的にＣＶを促進させる、今選ばれるためのエントリーポイントを検証しながら顧客解像度を高めるアプローチです。

消費者に対し、ブランドの便益が認識できる状況を伝え、各状況下で現在選択している代替手段では満たされていない未充足なニーズを伝えることによって、自分事化を促します。また、必要なブランドであるとの認識によって、短期的なカテゴリースイッチを促し

コンバージョン・エントリー・ポイント
(Conversion Entry Point／CVEP)

【便益を求める状況】

×

【求められている便益】

×

【代替手段の未充足なニーズ】

コンバージョン・エントリー・ポイント(Conversion Entry Point／CVEP)

ます。何を伝えることがブランドスイッチを可能にするのかという、具体的なコミュニケーションまで落とし込めるところがCVEPの利点です。目前にある消費者の変動するニーズに対して、リアルタイムで適応することで、瞬間的な優位性を生み出すアプローチとなるのです。

多くのブランドでのありがちな失敗は、「消費者は便益を十分に理解している」という誤解を前提に考えてしまっていることです。

例えば、私の同僚はタクシーアプリ「GO」が登場した当初、どこでもタクシーを呼べるアプリだと認識していました。しかし、テレビCMを見て「時間がない時の支払いの手間」「日差しがきつい暑い日の取引先までの移動」「領収書をもらい忘れた時」といった様々な状況を認識します。それを通じて、「GO」の便益と、それまでのタクシーや代替手段では満たされなかった未充足なニーズに気づき、すぐさまアプリをダウンロードしました。そして、今ではヘビーユーザーとなっています。

CVEPは、消費者にとっての「便益」を、置かれている「状況」を通じて理解を促すものです。そして、「瞬間的な優位性」を生みだし続けるためには、今使用している代替手段からのスイッチを促す必要があります。そのために、**「状況」×「便益」×「代替手段」**の3点を抑え、どのCVEPが最もブランドにとってCVとの距離が近いのかを検証し、戦略的に「瞬間的な優位性」をつくるのです。

未充足なニーズに対して課題化させる

これだけ商品やサービスがあふれているのですから、消費者が抱く欲求のほとんどを満たす手段は既に世の中には存在しているかと思われます。そのため、手段はあるけれど問題があり、「仕方なくやっていること」「諦めていること」は何か、ということに企業はアプローチしなければなりません。消費者自身も自分の欲求を満たす手段では部分的にかなってはいるものの、実は満たされていないニーズが「未充足なニーズ」です。その充足できていない問題を反転させ、仕方なくやっているものを解消し、消費者の未充足なニーズに応えることができれば、それは消費者にとっては「便益」となるのです。

未充足なニーズに対するコンセプトの有名なエピソードとして「カビキラー」（ジョンソン）があります。お風呂の手入れに関する生活ニーズを調査すると、主婦はタイルの目地

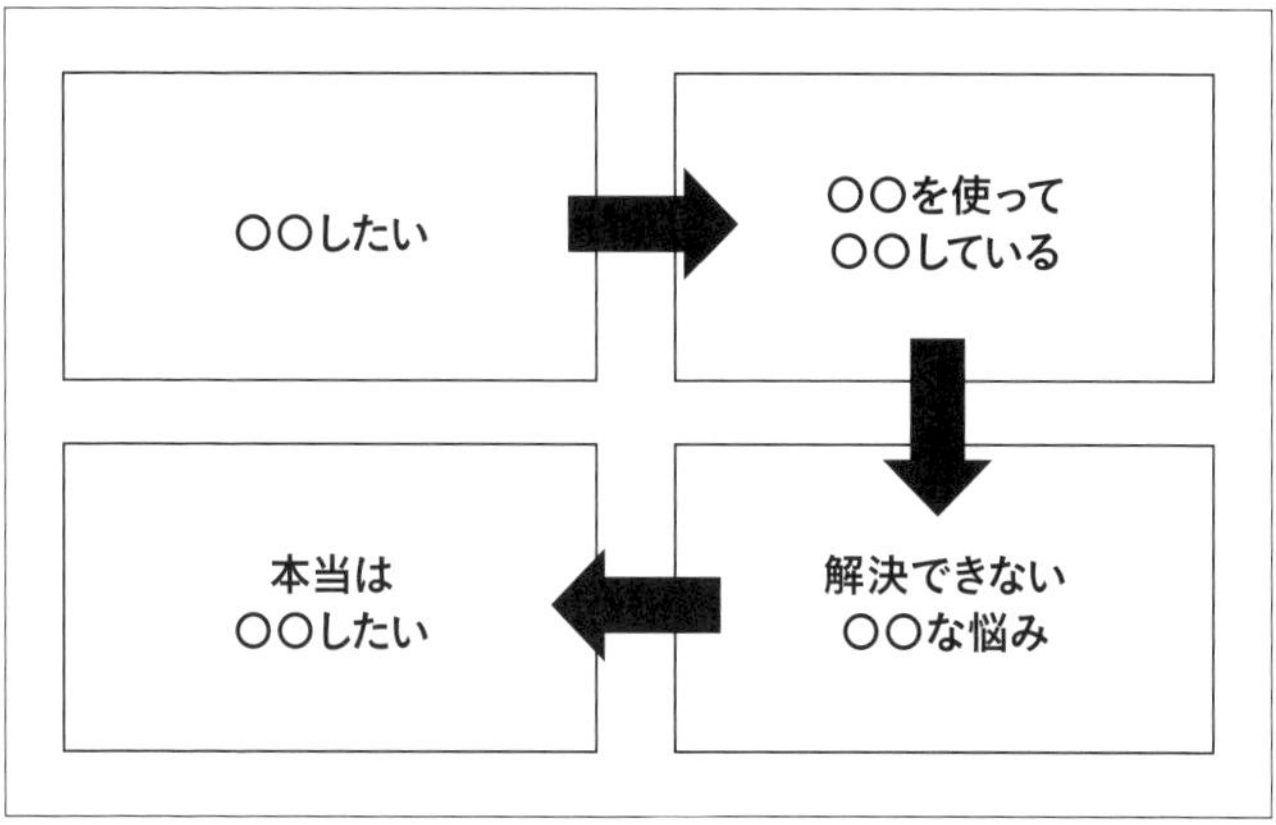

未充足ニーズにたどり着くフロー

の黒ずみを「なんとか落としたい」という強いニーズを抱いており、家にある洗剤やブラシでゴシゴシこすっていたという事実が分かりました。しかし、ゴシゴシこすってもタイルの目地の黒ずみはなかなか落ちないことから、「ゴシゴシこすらずに目地の黒ズミを取りたい」という未充足なニーズが発掘されたのです。この事実に基づいてカビキラーは、「カビ取り剤」という新しいカテゴリーをつくることで定番商品になったのです。

未充足なニーズに対してのアプローチとして**「○○しなくても○○できる」「○○しても○○にならない」**という構文を使うこ

とで、消費者が感じる「矛盾」(コンフリクト)である未充足なニーズを課題化し、その課題を解決するための具体的な便益を強力に伝えられます。

このメッセージパターンを使うことで、消費者は「今まではこうしていたけれど、それをしなくても満足できる」という解決策を簡単に理解でき、現状の課題感を明確に認識することが可能になるのです。

未充足なニーズは、すべて顕在化されて消費者が認識しているわけではありません。消費者が「当たり前」として受け入れている事象に対して、差分を認識させることで現状に対して課題化させるのです。例えば、キャッシュレスという機能を知ることで現金を持ち歩いている現状を課題だと認識したり、レーシックという解決方法を知ることでコンタクトレンズやメガネによって視力を補正している現状を課題と認識したりするということです。本来はトレードオフで手に入らなかった便益や、解決方法がないと思われていた課題に対して、機能や使用方法、解決方法といったアプローチによって、未充足なニーズを顕在化させて需要を生み出すコンセプトとなるのです。

大手ブランドの「売り上げの踊り場」にもCVEPが有効

大手メガブランドが直面する「売り上げの踊り場」や「売り上げの低迷」という課題に対しても、このCVEPが非常に有効です。

大きなブランドは既にマス広告などによって高い認知率を誇ります。しかし、**「ブランドは知っているけど、私に何をもたらしてくれるのか分からない」**という、いざという時に想起されてない状態の可能性があるかもしれません。そのため、従来通りのマスコミュニケーションによってブランドコンセプトの認知を広げるだけでは、今以上の伸び代が期待できないのです。

それもそのはず、ブランドコンセプトとしてのターゲットは、戦略的に届き得る最大公

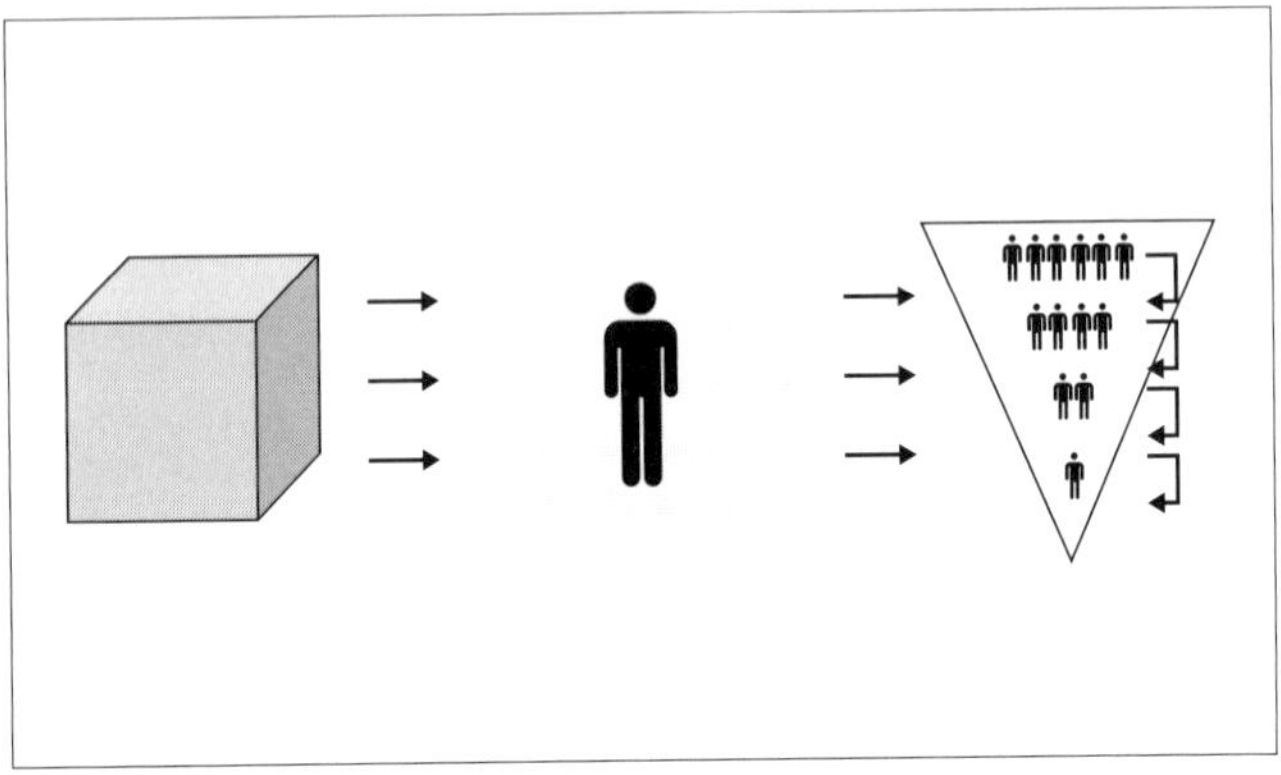

プロダクトが定めた戦略的ターゲットをそのままフルファネルで設計することにより、個のニーズに対応できなくなる

約数の設計となっており、その中には、「ブランドを買う人」「ブランドを買う可能性がある人」に加え、「ブランドを買わない人」も内包されてしまっているからです。薄く広い訴求がファネル全般に対して一貫したコンセプトで届けられているので、ブランドを知ったとしても自分にとって必要かどうかは分かりづらいコミュニケーションだけが広がっています。結果、詳細なニーズに深く訴求する新生ブランドなどに顧客が奪われてしまっている可能性があるのです。大手メガブランドならではの、「過度な全体最適による部分最適の崩壊」が、これらの「踊り場」や「低迷」の原因となっている可能性があるのです。

そこで、CVEPです。

ブランドの価値を受け入れやすい**「ニーズが発生した状況」**に対して、代替手段では満たすことができない、自社ブランドの「便益」を提示します。そうすることで「今選ばれる」可能性を高めるCVEPの発見によって、ブランド認知と未購入層に対して購買意向を高める個別の便益を訴求し、崩壊していた部分最適の穴をデジタルマーケティングの活用によって埋めるのです。

まず、既存顧客データの中から、LTV軸でのデータ（購入単価、購入回数など複数）を抽出し、インタビューやアンケートによってCVEPとなる情報をリサーチすることから始めます。すなわち、ブランドの**「便益」を既に理解しているロイヤル顧客にとって、どんな「状況」で、その便益が価値に変わったのかを理解する**ことが、CVEPを発見する方法の一つなのです。

購入前

・生活文脈でギャップを認識した状況
・その時に求めていた便益
・頭に浮かんだ、あるいは利用していた代替手段

「購入する前に買おうと思わせる力（コンセプト）」、つまりブランドが「選ばれた理由」の原点となるCVEPです。さらに、購入後の高LTV層と低LTV層の「買って良かったと思わせる力（パフォーマンス）」、つまりブランドの「選ばれ続けた理由」「選ばれ続けなかった理由」の内訳を調査します。

購入後（高LTV層）

・購入前の期待を超えた特性や体験
・使用前、使用中、使用後に得た便益

・代替手段では得られない便益

購入後（低LTV層／離反層）

・購入前の期待を超えられなかった特性や体験
・使用前、使用中、使用後に得られなかった便益
・代替手段に求めた便益

それぞれの顧客が**「どんな状況下で」「どの便益を求め」「どの代替手段と比較し」「使用前、使用中、使用後にどんな体験によって」「継続したのか離反したのか」**を収集、分析をします。この分析によって明らかにするのは、ブランドにとって最も優先すべき「CVとの距離が近いターゲット」が、**どんな状況に陥るとブランドの価値が最も享受されやすいのか**を発見することです。ここまでの整理によって発見された複数のCVEPを基に、ブランドを認知している未購入層に対して、セールスコンセプトを設計し、検証を実施します。

また同時に、代替手段を使用している未購入層が「選んでいる理由」を明らかにすることで、どの競合から顧客を奪いやすいのか探り、新たなCVEPを開発するのです。

私の所感ですが、多くの大手ブランドでは、マクロな競合調査や市場調査とミクロなデプスインタビューを実施してはいても、市場規模や人柄や性格、嗜好性といった曖昧な項目ばかりが目立ち、「ブランドを選んだ理由」にひもづいていないことが多い印象です。その結果、「40代の〇〇に悩んでいる層が顧客に多い」といった、分析結果と示唆しか得られていないのです。顧客の年齢や人柄、価値観といった曖昧な人物像ではなく、ブランドが選ばれた背景にある特定条件（CVEP）を捉えられれば、何を伝え、どの競合から、どのように奪うことで、自社の課題が解決できるのかという具体的なアクションプランに落とし込むことが可能になるのです。

こうして見つかった複数のCVEPに対して、ウェブマーケティングを通じたターゲティングとコミュニケーション、クリエイティブによる検証を行って優先すべきターゲットを見定めながら、瞬間的な優位性による「ブランドが今選ばれる」状態を多発させることが

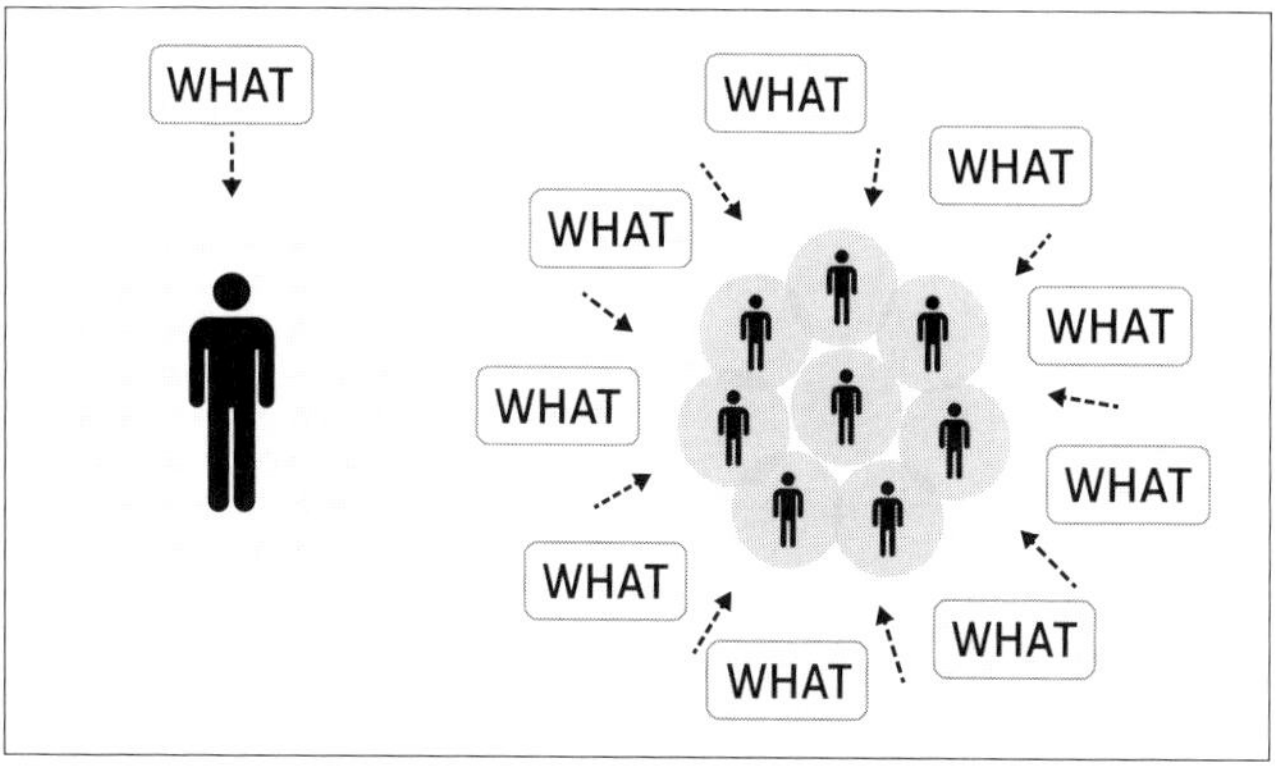

ターゲットは1人ではなく、個の集合体が群となるため、本来は個別のターゲットに対して適切なWHATを提示しなければならない

可能になるのです。

ウェブマーケティングはプラットフォームの機械学習やターゲティングの進化によって精度が非常に高まっており、いわば自動的に最適化を図ってくれます。一方で注意しなければならないのが、プラットフォーム側による最適化は、コミュニケーションの最適化ではなく、クリエイティブに反応した人に対しての最適化だということです。

つまり、プラットフォームは「WHO（誰に）×WHAT（何を）」というコミュニケーションの内容を理解しているわけではありません。データの側面だけを見て解釈するのではなく、クリエイティブの意図、プラットフォームの挙動、ランディングページやウェブサイトでの訪問者の行動痕跡、そして行動の結果を踏まえ、**ブランドにとって「CVとの距離が近い」CVEP**を開発するのです。

事前の仮説がない状態で、これらのテクノロジーを活用する企業や広告代理店は、思考停止のA／Bテストをつい繰り返してしまい、得られた結果だけから「何が良かったのか」を判断してしまいます。すると、何が良いのか悪いのかではなく、「なぜ良いのか悪いのか」が不透明になり、無理に仮説をつくらなければならなくなる悪循環に陥ることで施策が枯渇してしまうのです。余談ですが、私がとある企業の広告運用報告会に参加した時、広告代理店の担当者が「CVRの高いバナーは背景が青空でした。青空のバナーを増やしましょう」と報告していたことがあります。本当に消費者は青空だから商品の便益に期待してクリックし、購入を決めたのでしょうか。

テクノロジー任せによる「なぜ？」の枯渇は、こういった弊害も同時に生んでしまうことも忘れてはいけません。

CVEPから「CVとの距離が遠い」ポテンシャル顧客へアプローチ

これまでお伝えしてきた通り、「CVとの距離が近い」ターゲットとは、旧来のマーケティングの書籍や教科書に載っている「顕在層」を狙いましょうという考えではなく、ブランドの便益が最も受け入れられる「消費者の状況」×「求められている便益」×「代替手段の未充足なニーズ」という、**「CVEP」**を理解することです。

この概念によって、消費者を潜在層と顕在層、未認知層と比較検討層というくくりで捉えるのではなく、ブランドを今選ぶ可能性が高いターゲットを「購買にひもづくデータ」から抽出。コミュニケーションやメディアプランニングなど、戦略そのものを設計することが可能になるのです。

繰り返しになりますが、従来のマーケティングでは、ブランドが「購入してほしい人」をターゲティングすることに終始してしまい、どうしても「不確実性」を低減することができず、戦略の理想と現場の現実の深い溝が埋まりませんでした。しかし、CVEPは既にブランドの「便益」を理解している既存顧客を見ることで、不確実性を低減し、最もブランドが選ばれる「瞬間的な優位性」を連続的に発生させます。変化する市場や競合環境に対して適応し続けることで、「選ばれ、そして選ばれ続けるブランド」を生み出すアプローチなのです。

既存顧客、つまり**「ブランドを買ってくれた人」**を理解することで、同じ購買要因の可能性がある**「ブランドを買ってくれる可能性がある人」**が分かるようになります。この「買ってくれる可能性がある人」こそが、CVとの距離が遠い「ポテンシャル顧客」です。既に明らかになったCVEPを軸に、同じ「特定条件下」に存在するポテンシャル顧客は、同様の便益を求め、同様の代替手段を想起または利用しているため、自社ブランドを選ぶ可能性が高いのです。そして、ポテンシャル顧客としてターゲティングすることによって、従来までのマクロ視点から導き出した戦略的ブランドターゲットではなく、ミクロ視点から導き出した実在する「CVとの距離が近い」ターゲットを起点に「買われる情報」を「広がる情報」に設計できるようになるのです。同時に、それ以外のターゲットは**「ブランドを買ってくれない人」**であるため、むやみやたらとターゲティングするのではなく、除外することによって、より精度の高い「購買意向を高める」接点が確立できたり、より鋭さをもたらしたりした訴求開発が可能になるのです。

1章でも説明した通り、トップダウンの戦略アプローチにおける有効性は予測ができる環境下において有効であって、不確実性が高まる現在の市場環境下においては機能しない側面が大きくなってきているのです。そのため、意図的にボトムアップの戦略アプローチを取り入れ、市場に対してニーズを問い、ブランドが適応し続けるために、**「CVとの距離が近い」顧客の理解が不可欠**であることは、十分理解していただけたかと思います。

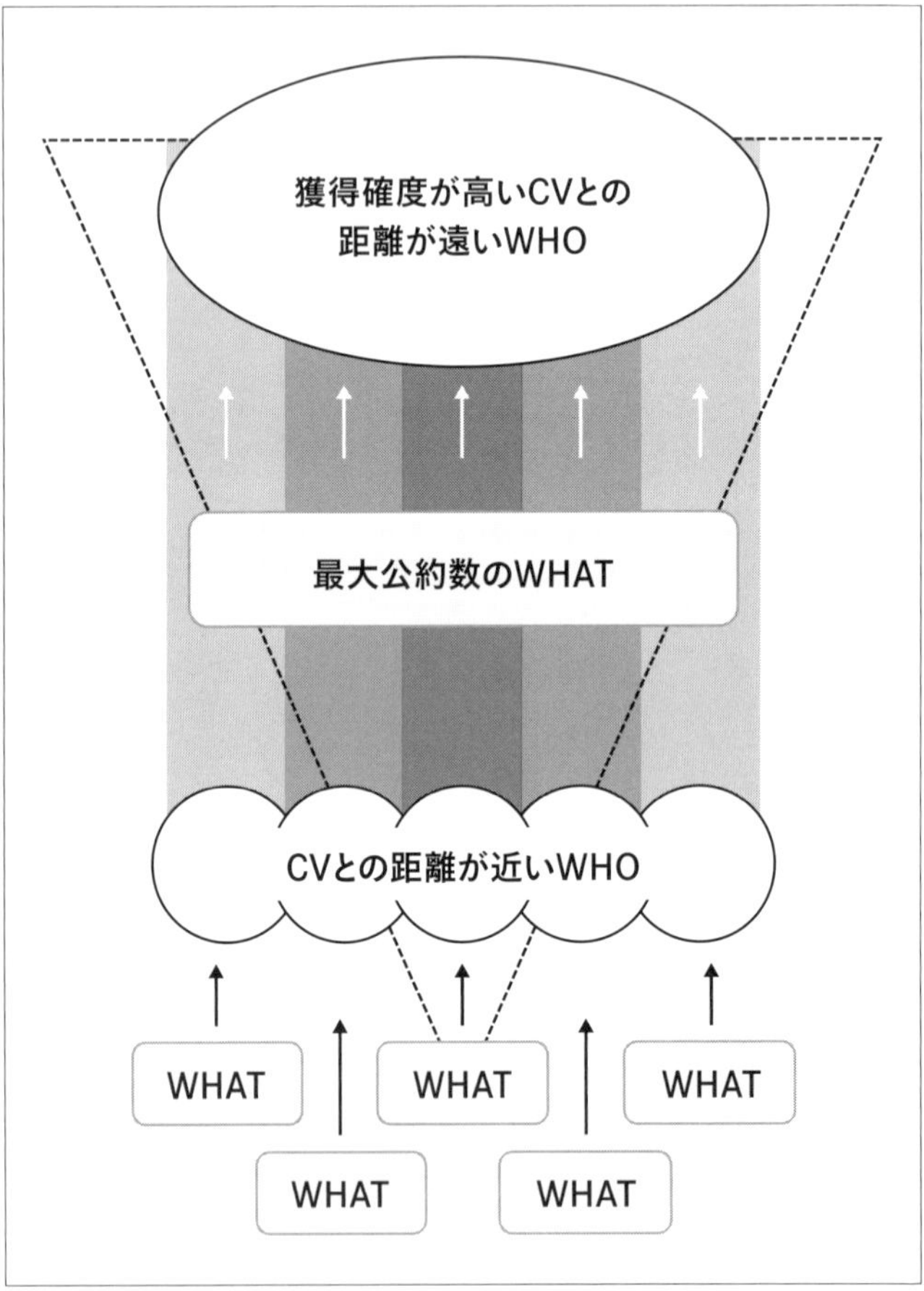

CVとの距離が近いWHOを見つけることで遠いWHOが分かり、無駄なリーチを省くことができる

口コミやレビューから見つけるCVEP

まだローンチしていない商品や、まだ顧客数が少なくてアンケートやインタビューが実施できないフェーズにおいて、CVEPを見つけるアプローチとしてお勧めなのが、楽天市場やAmazon.co.jpなどのECサイト、あるいは口コミサイトに記載されているレビューの分析です。

口コミやレビューには、満足した消費者による感動や、逆に不満足だった消費者の憤りなどを垣間見ることができます。大半の購入者はレビューを記載しないのですが、生々しい意見が多く、インタビューやアンケートとはまた違った側面のリアリティーがあります。

また、多くの口コミレビューの記載者は初回購入者が多いため、試したことがない商品を「なぜ選んだのか」というヒントが隠されています。その中には「どんな状況で」「どんなニーズがあり」「何に期待して」購入したのかが記載されている場合があります。また、ときどき見受けられるリピーターの声からも、なぜリピートしているのかという、「C／Pバランス理論で」いう「パフォーマンス」についての情報を集めることができます。

一般的に競合商品の調査は同じカテゴリーのものだけを対象にすると思いますが、それだけだと調査領域が限定的になり、消費者の「状況」や求めている「便益」の幅が狭くなってしまいます。そこで、調査領域を広げるために同じ**便益競合もピックアップ**します。例えばECサイト内の検索窓で、想定している自社商品の機能や効果、便益を記入するとサジェストという検索エンジンから、それに続くキーワードを提案してくれます。この様々なサジェストをリサーチすることで、代替手段として消費者が目にする同便益競合の種類が把握できるのです。

これからご紹介するのは、過去に調査した靴の「インソール」の口コミをリサーチし、整理したものです。口コミを収集していくと、様々な症状に対しての悩みを解決することを求めて購入していることが分かります。

求めていた便益：足の痛みの改善
症状：外反母趾《ぼし》、巻き爪、扁平足《へんぺいそく》、足底筋膜炎、足のだるさ
代替手段：湿布、整形外科、マッサージ
レビュー概要：立ち仕事による足の痛さやだるさの解消、巻き爪や足底筋膜炎、扁平足の相談のために整形外科で診療した人などが購入

求めていた便益：足以外の痛みの改善
症状：腰痛、膝の痛み
代替手段：薬、湿布、サポーター、整骨院
レビュー概要：腰痛を解消するため、整骨院で体重のかけ方について指摘を受けた人が購入。あるいは妊娠中の膝の痛み、足の付け根の痛みの解消のために購入

求めていた便益：姿勢、歪みの改善
症状：姿勢の悪さ、お通じ、産後の骨盤、内股、下腹
代替手段：矯正下着、ベルト、整体、整骨院、ジム、ヨガなど
レビュー概要：内股だった人やヒップアップ目的の人、あるいは産後の歪んだ骨盤、下腹が気になる人などが購入

求めていた便益：体型変化の改善・予防
症状：体重、足の老化、ぽっこりおなか、姿勢
代替手段：矯正下着、ベルト、整体、整骨院、ジム、ヨガ、食事制限、サプリ
レビュー概要：姿勢や立ち姿の美しさ、重心の矯正、歩き方によるダイエット効果、下腹が気になる方が購入

求めていた便益：健康の維持・向上
症状：重心、筋トレ、骨格
代替手段：ジム、ヨガ、食事

レビュー概要：親指や筋肉の使い方、重心が整うことによる足の筋力アップ、健康を求めている人が購入している傾向

これらの口コミを整理すると、インソールの購入者が求めていた便益は、「足の痛みの改善」「足以外の痛みの改善」「姿勢・ゆがみの改善」「体型変化の改善・予防」「健康の維持・向上」という大きく5つの便益に整理することができました。これらの求めている便益が、「通勤中で」「立ち仕事で」「妊娠中に」「整骨院で」「産後のゆがんだ体で」「年齢を重ねることで」「普段歩かないので」といった「状況」によって、このインソールの購入のきっかけとなった背景にあることも分かり、そこから想定できる代替手段もいくつか判明したわけです。

購入者のレビューは、紛れもなく実在していた「状況」と「便益」であり、妄想や想像ではなく事実です。同じように実在した他社のCVEPを基に自社のブランドが受け入れられるのかどうか、実際にデジタル広告とクリエイティブを用いて、市場からの反応を検

証するのです。

注意が必要なのは、この作業がよく言われる「勝ちバナー」を見つける検証ではないことです。いわゆるデジタル広告で頻繁に実施されている「A／Bテスト」とは、バナークリエイティブを競わせ、勝敗を決めることで、基準に見合わないクリエイティブを切り捨てるコストカットのアプローチです。一方、この検証は実在するニーズとブランドにとってCVとの距離の近さ・遠さを確かめる作業となります。

つまり従来の「A／Bテスト」は、予算投下するクリエイティブを絞り込むコストカットによって、未来で獲得できるかもしれない需要すらも切り捨て、今だけの効率化を図ろうとするアプローチなのです。しかし、この検証は、ブランドにとってCVとの距離が近い「今ブランドを選んでくれる人」への最適化を優先しつつ、CVとの距離が遠い「ブランドを選んでくれる可能性がある人」を見据え、「ブランドを選んでくれる可能性がない人」を排除するアプローチとなるのです。

そのため、実際にクリックしたユーザーが遷移先のページでどんな行動を取ったのかという行動痕跡から、情報摂取への能動的な積極性なども加味してCVEPの有効性を検証します。遷移先ページのファーストビュー離脱率、ページ回遊率、滞在時間、CTA(Call To Action)箇所までの到達率、クリック数やクリック率、ページ内のアテンション(熟読度)……。積極的に情報を得ようとしているユーザーが残した能動的な行動痕跡のかけらを基に、自社商品カテゴリーをニーズの解決策として受け入れられたかどうかの「受容性」と、ブランドがお金を出してまで求められたかどうかの「需要性」を、広告データから分かる行動結果と、遷移先ページでの行動痕跡から計測するのがポイントです。

加えて、価格や商品画像が入っているバナーと入っていないバナーとでは反応が異なりますので、どちらかに統一しておくことをお勧めします。商品画像が含まれているバナーは、クリック前に商品が販売されていることを想定してクリックする人が増えますので、当然コンバージョン率が高まる傾向にあります。場合によってはブランド認知層が「お得そうだから」という理由で流入してくるため、CVEPの検証としては機能しません。むしろ、カテゴリー受容性とブランド需要性を検証するには、商品画像をあまり含めず、消費者のニーズとブランドにとってＣＶとの距離を正しく検証できるクリエイティブを用意することをお勧めします。

整理しますと、これらの検証を通じて明らかにすべきことは3点です。1つ目は、消費者が求めている便益に対して、自社の商品に振り向かせるための知覚刺激が最適なのかという「訴求性」です。2つ目は求めている便益に対して自社商品カテゴリーが受け入れられるのかどうかの「受容性」。そして、最後の3つ目が自社商品はお金を出してまで欲しいと思われるのかどうかという「需要性」です。本格的にウェブサイトやランディングページを作成する前や、新たなＣＶＥＰを検証する際などは、最小限の工数とコストによってクイックにフィードバックを得ることで、優先順位や投下すべきコミュニケーション軸を定めることが可能になります。

2章まとめ

顧客の理解とは、心理を予測するのではなく、心理や行動が変化した「状況」を捉えること

２章では、マーケティングの実務における顧客理解の重要性を深く掘り下げ、従来の「ペルソナ」や「インサイト」「ＷＨＯ×ＷＨＡＴ」といった曖昧な顧客理解や、「セグメント」といった購買要因にひもづかない理解に依存したアプローチが抱える課題について解説しました。また、マーケティングの書籍や教科書で教えられてきた「顕在層＝購入可能性が高い」という固定観念が、実際には競争激化や消費者の多様な心理変化に対応できない状況を生んでいることも強くお伝えしました。

顧客理解の中心として提唱するのは、「ＣＶＥＰ」という概念です。これは消費者が具体的な「状況」に直面した時に、どのような「便益」を求め、どの「代替手段」を考慮するのかに注目するものです。注目したその瞬間に自社ブランドが選ばれるよう、デジタルを起点とした戦略を組み立てるボトムアップのアプローチです。従来のトップダウンのアプ

ローチでは個の詳細なニーズをくみ取れない網目が粗い顧客理解にとどまってしまうからこそ、今の市場において瞬間的な優位性を多発し続けるために、このＣＶＥＰがいかに有効であるかを記しました。

インサイトのような消費者心理の理解という、解釈の幅を生んでしまう曖昧で再現性の低い手法ではありません。ＣＶＥＰの理解によってブランドが消費者に対して「今選ばれる」ための戦略を明確にし、消費者にとっての価値を的確に伝えることが可能になるのです。

マーケティングにおいて大事なのは、自社を起点とした「ＷＨＯ（誰か）」を捉えるのではなく、その人たちが「どの状況で」「何を求めるのか」「その上で何に困っているのか」を正確に理解することです。この理解によって、瞬間的な優位性を紡ぎ上げることが、この競争の激しい今日の市場で、より強固な顧客とのつながりを築き、ブランドの持続的な成長を促進できるという視点を理解いただけたのではないでしょうか。

3章ではこれまでの戦略、ＣＶＥＰを踏まえて、購買行動やニーズのメカニズム、消費者の状態を区分けするフレームワークを紹介します。これによって具体的なコミュニケーションコンセプトや商品開発などにも活用いただけます。

Column

CVEP事例「GREEN SPOON」

野菜が豊富で健康的なおうちごはん「GREEN SPOON（グリーンスプーン）」の企画・製造・販売を行っているGreenspoon（東京都渋谷区）を例に、CVEPがどのようにつくられたのかを説明したいと思います。

Greenspoonは2019年に設立し、2024年にはファミリーマートでの全国展開、江崎グリコへのグループインなど、急成長を果たしました。食品D2Cをけん引するブランドの一つで、会員数は20万人を超えます。2022年から2年間で新規顧客獲得数が37倍拡大、CPAは50%改善という急成長を遂げながら、今も発展し続けています。

GREEN SPOONは、スムージーやスープ、サラダ、おかず、ご飯、パスタと、豊富な商品ラインアップに加え、大きい野菜がたくさん入っていて、パッケージもおしゃれです。非常にSNSとの相性が良さそうなプロダクト設計で、一目見て「かわいい」「おいしそう」「体に良さそう」という印象を持ちます。

華々しく見えるブランドですが、発売当初は様々なコンセプトを基にマーケティング戦略を実施したにもかかわらず、購入はされるものの規模の拡大ができないなど、大変苦戦を強いられていたそうです。当時のことをマーケティング責任者の三原壮太郎氏は「顧客不在の戦略」と話していました。

GREEN SPOONには、冷凍弁当や宅配食材、コンビニ弁当のほか、サラダ専門店やスープ専門店など、カテゴリーごとに多種多様な競合が存在しています。

今までの定石的なマーケティング手法を活用するなら、それらのカテゴリーにおける市場規模をリサーチし、その中で冷凍の食材を購入する人のインタビューやアンケートを実施。その結果からインサイトを読み解き、ブランドメッセージをPRやマス広告によって認知させ、興味関心層に向けたSNS広告、そしてサーチ広告による刈り取りという、トップダウンのファネル移行を前提にした戦略を採っているかもしれません。しかし、同社はデジタル広告だけを中心とした獲得施策のみで拡大し続けているのです。

その成長のヒントにCVEPがあります。CVEPは「特定状況下」において消費者が求めている「便益」です。つまり、GREEN SPOONの便益を最も享受できる「状況」を理解することが重要でした。

同社は、生活者のニーズを理解するため、既存顧客へのインタビューを頻繁に実施し、様々な訴求軸をデジタル広告で検証し続けました。そんな中、転機が訪れます。モデルの冨永愛さんが実は同社商品の愛用者で、彼女がファンからの「夜遅く帰宅して空腹の時は何を食べますか?」という質問に対して、「夜9時過ぎたら、わたしもうGREEN SPOONなんですよ」と回答していたそうです。

つまり、「夜9時以降の食事」という「状況」が、消費者の心理や行動が変わる「特定条件」であると発見したのです。それまで、消費者は「体に良い食事を求めている」という漠然とした健康ニーズに対して訴求をしていました。しかし、その後は「夜9時以降」という「特定条件」によって、消費者自身の理想とどんなギャップが生じているのか、その際にどんな解決方法を想起し、どんな代替手段で解決しているのかという、心理や行動の変化に着目。コミュニケーションコンセプトを転換していったのです。

私たちは生活している中で、接するすべてのブランドの便益を正しく理解できているわけではありません。例えば、「野菜不足のあなたに!」というメッセージで冷凍野菜のスープと出合っていたとしても、他の野菜スープや冷凍野菜、コンビニサラダとの違いが認識できず、GREEN SPOON独自の便益を正しく理解できなかったかもしれません。これらは単に「食事に関する健康的な困り事」を保有する全員に対しての薄く広い訴求になってしまい、どのように活用することが自分にとって役に立つのかが理解できないからなのです。

しかし、「夜9時以降の食事の困り事」という特定条件下で考えてみるとどうでしょう。「この時間に食べたら太りそう」や「コンビニ弁当ばかりだと体に悪そう」といった体重や健康に対しての「罪悪感」によって、消費者にとっての理想とのギャップを認識し、「炭水化物は取りたくない」「罪悪感のない健康的なものが食べたい」という、具体的な解決方法を求めるようになります。この状況がGREEN SPOONにとって最も「便益」を認識し、価値を感じやすい「状況」なのでした。

では、この「夜9時以降」という特定状況下で消費者が求めている「便益」は何か。それは野菜による「健康」ではなく、「ダイエット」でした。

ダイエットには「痩せたい」と「太りたいくない」という大きく2つの欲求があります。「痩せたい」は体重やウエストといった具体的な数字や部位に対しての具体的欲求です。一方「太りたくない」は、今の生活を維持しながら、体重や見た目が変わらないことへの欲求です。GREEN SPOONにとってのCVEPは「夜9時以降の食事」という状況と「太りたくない」という「便益」でした。その後、同社は今までの「健康志向」から「ダイエット」というセールスコンセプトに転換し、広告でのコミュニケーションを展開していくのでした。

注目すべきなのは状況の発見だけではありません。「ダイエット」という訴求であれば、多くの方が「痩せたい」というニーズの方が、緊急性が高かったり、欲求が強かったりするので、CPAが安くかつ多数獲得できるのではないかと考えてしまうのではないでしょうか。しかし、GREEN SPOONが選択した欲求は「太りたくない」というニーズでした。

この理由は、ブランドのビジョンにひもづいています。同社のビジョンは〝自

分を好きでいつづけられる人生を。〟であり、このビジョンに即しているかどうかが、経営上の意思決定の重要な判断軸になっています。「痩せる」という結果には、運動や食事制限、そして体質、環境など様々な要因が内包されます。食事を置き換えただけでは、すべての人に対して結果を約束できず、GREEN SPOONという商品の機能的価値として誇張された「便益」になってしまうと判断したのです。

その判断はC/Pバランス理論であるコンセプトとパフォーマンスに大きな影響を与えました。仮に「痩せたい」というニーズに対して便益を提供したなら、恐らく購入者は「痩せない」という結果に対して不満を抱き、「買って良かったと思わせる力」が低減することで離反していたでしょう。しかし、「太りたくない」というニーズに対して提供した便益は「買う前に欲しいと思わせる力」としてのコンセプトとして機能し、さらに夜9時以降に生じやすいペインの「食事を抜くのも嫌だ」「コンビニ弁当は罪悪感がある」「コンビニのサラダだと味気ない」といった、コンビニ弁当やコンビニサラダといった代替競合と比べても、味や栄養素、そして満足感という優位性が保たれます。これが「買って良かったと思わせ

単に「食事に困っている」ではなく
「夜9時以降の食事に困っている」という状況

単に「食事に困っている」ではなく「夜9時以降の食事に困っている」という状況

る力」というパフォーマンスとして機能し、圧倒的に高いLTVをつくり上げるのでした。

さらに、GREEN SPOONは新たなCVEPを開発します。コロナ禍が明け、出社する機会がずいぶん増えるようになり、職場での昼食機会が増えました。もともとGREEN SPOONの戦略的ターゲットは「すべての頑張る女性」です。頑張る女性は仕事も忙しく、ミーティングが長引いたり、休憩中にも実務が発生したりして、昼食時間が十分に取れないことが

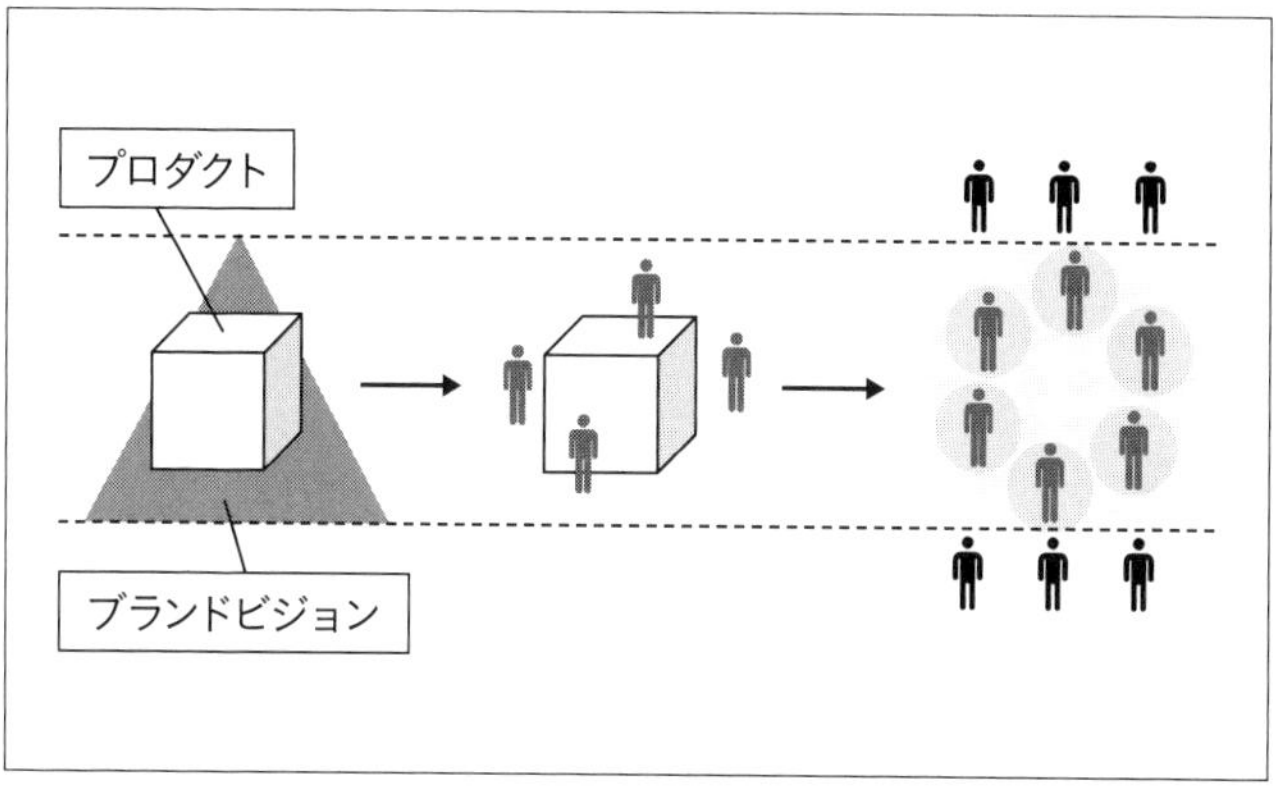

ブランドビジョンから外れたり、プロダクトの機能便益を超える期待者は戦略的に獲得しない

多々あります。この「忙しい職場での昼ご飯に困る」という特定条件がCVとの距離が近い「状況」であることを開発しました。

この状況下では、「お昼を抜くのも体に悪い」「コンビニのおにぎりだけだと味気ない」「食べに出掛ける時間がない」など、様々な理想とのギャップが生じます。そこで提示した「便益」は、GREEN SPOONを職場に持っていくことでした。もともとはコロナ禍での在宅時の食事を想定していたプロダクトでしたが、それを職場に持っていくことで、「忙しい職場での昼ご飯に困る」という「状況」に対しての便益を提案したのです。そして、職場に持っていくという面倒さや不便さというコストを解消するために提示したのが、「自宅で調理した温かいスープを職場に持ち運びできるスープジャー」の無料プレゼントでした。

この「忙しい職場での昼ご飯に困る」という状況と「自宅で調理した温かいスープを職場に持ち運びできるスープジャー」というコストを肩代わりし、代替手段による未充足なニーズを解消するCVEPによって、コンバージョン率が最大2倍まで上がり、さらなる顧客拡大に貢献したのです。

事業側からするとスープジャーの原価や発注ロットなど様々な懸念から踏み出しづらい施策です。しかしむしろ、このスープジャーをセットで購入した顧客は、昼食にGREEN SPOONを取る生活を求めているため、LTVが下がることもなかったという好事例です。一般的にこういった特典として思い当たるのが、QUOカードや割引限定クーポン、あるいは商品とは関係のないインセンティブの提供です。しかし、GREEN SPOONでは消費者のニーズが発生する状況を徹底して拡張し、事前に発生するであろう消費者にとってのコストを肩代わりする特典によって見事に収益拡大に結び付けているのです。

この事例から、CVEPは特定の状況下でブランドが想起されるコンセプトとしてのCEPとは異なり、日々のCPAやCVRを徹底管理した運用化におけるデジタルでのダイレクトマーケティングでも非常に機能すると実証されました。CVとの距離が近いWHOのCVEP（心理や行動が変化する「状況」と、その際に求める「便益」）を正しく捉え、WHATに変換することで、商品が今選ばれる可能性を高めながら、獲得数を拡張させられるのです。

BOTTOM-UP MARKETING

第3章

「WHO（誰に）×WHAT（何を）」以前に理解すべき「前提」

顧客理解の前提となる3つのメカニズム

顧客理解とは、心理や感情、人柄や性格、嗜好性、年収、性別といった「消費者のひととなり」を理解することではないと説明してきました。2章までを整理すると、消費者にとってブランドを選択した「特定条件」という**コンバージョン・エントリー・ポイント（CVEP）**を明らかにすることで、ブランドと消費者との**コンバージョン（CV）との距離が近い**ターゲットを見つけ続ける。このボトムアップのアプローチを戦略に組み込むことで、今日の予測しづらい市場における**多くの「瞬間的な優位性」を生み続ける**を多発させることが重要なのです。

そして、ここでは改めて顧客理解の前提を確認したいと思います。マーケティングにおける**「WHO（誰に）×WHAT（何を）×HOW（どのように）」という顧客理解のフ**

レームワークの重要性を誰もが理解している一方で、いったいWHOやWHATとは何を定めることなのか、それをどう活用すればいいのかがよく分からないと感じている方も多いのではないでしょうか。消費者そのものの中身を深掘りして理解したつもりになったとしても、具体的に施策やコミュニケーションに落とし込めない理解であれば、それは理解とは言えないのです。

この顧客理解のフレームワークを難しく感じたり、結局施策に落とし込めないようにしたりしている原因が**「前提の未理解」**です。いくらデータ分析やデプスインタビューを実施したとしても、前提を捉えられていない「消費者そのものの理解」だけでは、それは単なる事実だけの深掘りにとどまってしまうのです。

例として誰もが知っている「本」で考えてみましょう。「本」とは、それだけだと「本」という事実でしかありません。しかし、前提を理解することによって「本」に意味がもたらされます。

書店の本：商品
倉庫の本：在庫
机の上の本：勉強中の教材
引き出しの中の本：しまい込まれた物
図書館の本：知識の源や情報のリソース
博物館の本：歴史的、文化的な資料
リサイクルセンターの本：古紙

「本」という事実は「前提」によって、私たちの認識や解釈、抱く印象、意味、そして生じる価値も大きく変わります。この前提を理解できないまま、いくら論理的に事実だけの分析を繰り返しても、有効な仮説は生まれないのです。顧客理解も同じです。前提を分かっていない顧客理解のアプローチは、「消費者のひととなり」という事実だけを深めようとしてしまう「点」にとどまってしまい、人柄や年齢、価値観は分かっても、なぜそのブランドを選んだのかという前後の文脈（コンテキスト）を踏まえた意味の理解が抜け落ちてしまうのです。

この3章では、顧客を「点」の理解から「線」へとつなげ「面」への理解へと深めるために、顧客理解の前提となる、**ニーズのメカニズム**、**価値のメカニズム**、**優位性のメカニズム**について解説します。この3つのメカニズムは**「顕在」「潜在」「便益」「コスト」「差別化」「品質」**といった、多くのマーケティング実務において頻繁に使用される言葉や概念であり、非常に多くの方が曖昧な定義や誤った認識で使用していいます。

・戦略ターゲットとして定めた顕在層とは、何が顕在化して何が顕在化していない状態のことですか？
・消費者にとってのコストは金銭的なコスト以外に何がありますか？
・競合との差別化を強化し、商品の品質を高めさえすれば、本当に消費者から選ばれるのでしょうか？

ニーズや価値、優位性という言葉や概念は、顧客理解において非常に重要な前提としてひもづいているにもかかわらず、これらの問いに答えられないのであれば、それは顧客理解が「点」にとどまってしまっている状態です。この章では顧客理解の前提を知り、これまで難解で不透明であやふやだったアプローチの解像度を上げる方法についてお話しします。これは、消費者の輪郭を色濃く形づくり、まさに「今選ばれる」ために必要な「瞬間的な優位性」を多発し続けるボトムアップのアプローチには欠かせないことなのです。

ニーズのメカニズム：顕在と潜在

1つ目はニーズのメカニズムです。消費者ニーズを読み解く。このテーマは消費者や市場の多様化に伴う顧客理解においてとても重要な観点である一方で、ニーズとはそもそも何なのかを明確に定義して扱っている人もまだまだ少ない印象です。

マーケティングの現場でもよく耳にする顕在や潜在は、**ニーズに関わる消費者の状態**であり、多くのマーケティングの資料に記載されている逆三角形のファネル図には必ず「顕在層」「潜在層」と記載されています。しかし、この顕在と潜在という消費者の状態を表す言葉も、企業によって定義が異なる、あるいは曖昧な定義で使用していることがあります。中には企業のブランド名を認知している層のことを顕在層と定義している企業もあり、驚いた記憶があります。

一般的には課題や悩みが顕在化している層を顕在層と呼んでいますが、ではその顕在層とは何が顕在化していて、何が顕在化していないのでしょうか。この定義を明らかにしないまま使われている顕在層という言葉は、非常に解像度の低い状態であり、このような状態で設計されたコミュニケーション戦略や施策が機能するはずはありません。こういった事態を防ぐためにも、ニーズとは何か、どんなニーズが顕在化した人を顕在層と呼ぶのか定義する必要があります。それが消費者へのコミュニケーションの解像度を1段階も2段階も上げることにつながるのです。

ニーズには大きく「HAVEニーズ」「DOニーズ」「BEニーズ」という3種類のニーズが存在しています。

HAVEニーズ：「〜が欲しい」という対象や所有に対しての商品ニーズ　手段で満たすことができますが、移ろいやすいニーズです。具体的には「あのブランドの靴が欲しい」「車が欲しい」「ラーメンが食べたい」といったものがこれに当たります。

DOニーズ：「〜したい」という生活における行為ニーズ　こちらも手段的なもので満たすことができるため、移ろいやすいニーズですが、HAVEニーズよりは達成しにくいものとなります。具体的には「痩せたい」「旅行に行きたい」「空腹を満たしたい」といったものがこれに当たります。

BEニーズ：「〜になりたい」という普遍的な基本ニーズ　最も高位のニーズで、手段ではそのニーズそのものを満たすことが難しいものになります。「幸せになりたい」といったものが該当します。

もちろん、それぞれのニーズの中には段階的に無数のニーズが存在していますが、大きく分けてこの3種類となります。では、それぞれがどのように移り変わっていくのかを説明します。

上位のBEニーズは、普段から言動に表れることが多くありません。「幸せになりたい」「健やかに暮らしたい」というニーズは、多くの場合は心の中で抱いている状態がほとんどです。そのBEニーズを強く感じるのが、**「状況」**です。状況によって、人は自分の理想とのギャップを感じ、それを埋める状態への欲求が生じます。例えば、他人からよく思われたい、自分に自信を持って生きたいというBEニーズは、普段から強く意識することは少ないかもしれません。しかし、鏡の前で「最近太ったかもしれない」という状況が発生すると、太っていない状態へ、つまり自分に自信を持てる状態への欲求が発生します。また、BEニーズは普遍的なニーズであるため、「自分に自信を持ちたい」というニーズを満たすのは体形や体重だけではありません。人は対人関係や仕事などあらゆる領域で、特定の手段だけでは満たされていないギャップをなくしたい欲求が発生しているのです。

DOニーズに変化するのも、やはり「状況」です。例えば、久しぶりの同窓会に行く際、少し前に買った服が入らなくなったケースなどです。自分の体形の変化によって他人からよく思われず、自分への自信が保持できない状況が発生することによって、そのBEニーズを満たすDOニーズが「痩せること」と結び付くのです。つまり、ギャップがない状態への欲求は、ギャップを解消したい欲求へと変化し、根本原因を解消したい欲求になるのです。このような「痩せたい」というニーズがDOニーズです。

その後、今までの代替手段を利用した経験や普段からの情報摂取量、同窓会までの期間、仕事の忙しさ、費用など、多くの〝レバー〟によって具体的な解決手段を求め、探し、選択するのです。これがHAVEニーズです。

BEニーズ：根本原因→理想とのギャップが生じる→ギャップがない状態への欲求
DOニーズ：ギャップを解消したい欲求→根本原因を解決したい欲求
HAVEニーズ：解決手段への欲求→解決手段を探す→解決手段を選択

BE・DO・HAVEの3つのニーズをこのように整理すると、それぞれが手段と目的という関係性で位置づけられています。BEニーズにとってDOニーズは手段であり、逆にDOニーズにとってBEニーズは目的となります。またDOニーズにとってHAVEニーズは手段となり、HAVEニーズにとってDOニーズは目的となるのです。

これを踏まえると、普段マーケティングの実務で使われている「顕在層」や「潜在層」が、何が顕在化していて、何が顕在化していないのかという定義の曖昧さが浮き彫りになってくるのではないでしょうか。

つまり、**「BEニーズが顕在・潜在」「DOニーズが顕在・潜在」「HAVEニーズが顕在・潜在」**と整理することができ、それぞれ解決するための手段が顕在化しているのか、目的が顕在化しているのかという、消費者の状態がかなり明確になります。

さらに、現状に対して「充足しているのか」「未充足なのか」という、ギャップに対しての消費者の状態も整理してみるとどうなるでしょうか。

例えば、安くて気軽に買えるコーヒーを飲みたいというHAVEニーズに対して、安いコーヒーを売ろうとしてもコンビニが既にニーズを充足させているため、勝てる見込みは低いでしょう。しかし、リラックスしながら、読書しながら、本格的な味わい、といったDOニーズに対してコンビニコーヒーは充足できていません。代替手段では、充足されて

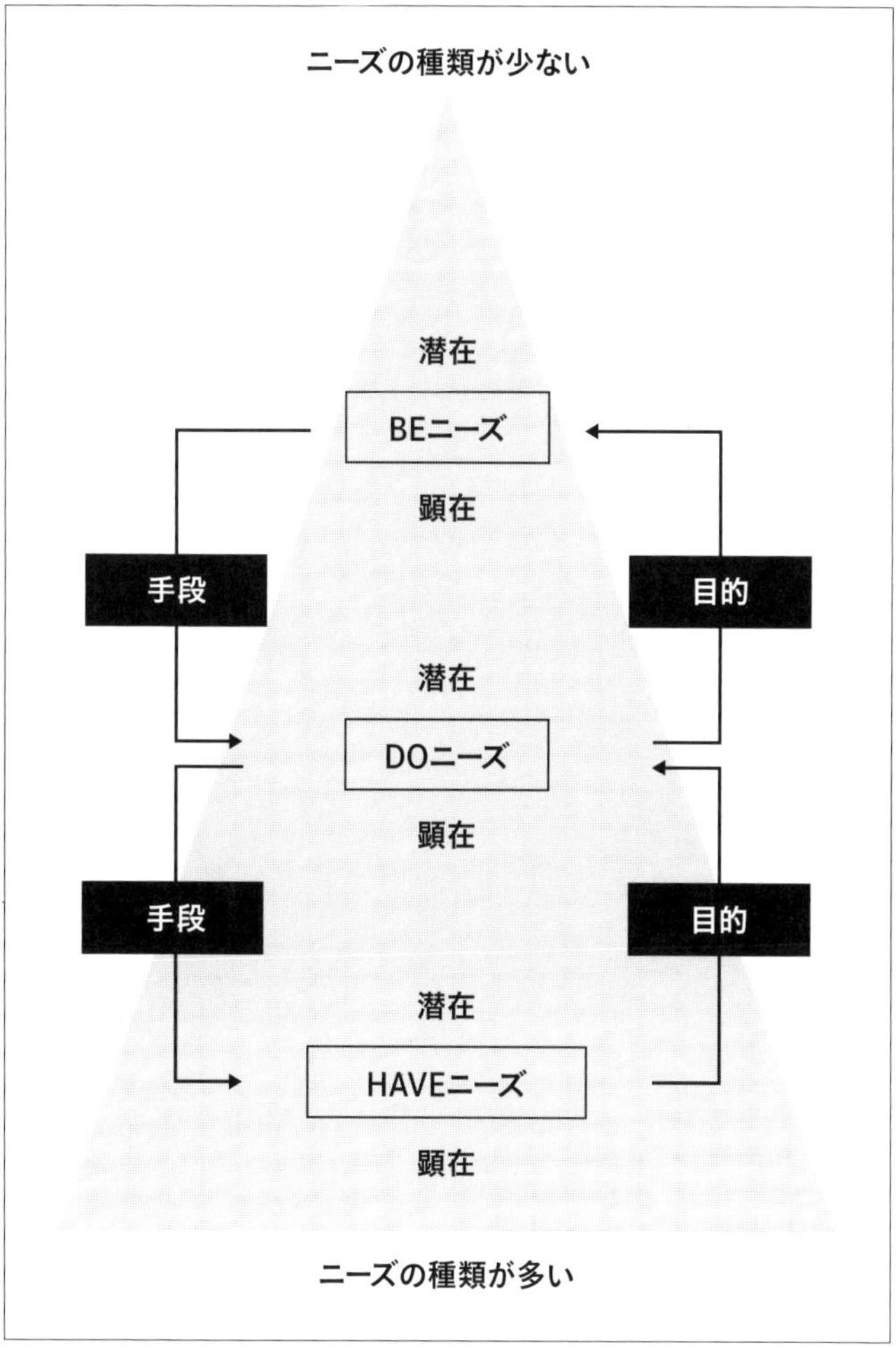
ニーズの種類が少ない
潜在
BEニーズ
顕在
手段
目的
潜在
DOニーズ
顕在
手段
目的
潜在
HAVEニーズ
顕在
ニーズの種類が多い

ニーズの種類

いないニーズ、または顕在化も充足もしていないニーズであれば、コンセプトによって新たな市場をつくり、消費者から選ばれる可能性が高まります。つまり、BEニーズ、DOニーズ、HAVEニーズそれぞれに対しての顕在・潜在、そして代替手段による充足・未充足を整理することで、より強いニーズを発掘することが可能になるのです。

つまり、DOニーズ潜在層に対して、今まで知らなかった解決方法や具体的な使用方法、特殊な機能といった情報を伝えることによって、DOニーズの顕在化によりブランドの便益を理解し、今までプラスでもマイナスでもなかった生活状態が課題化され、ブランドの需要を生み出すのです。

人を単位としてしか把握できない従来までの指標は、実務において機能しないことがほとんどですが、BE・DO・HAVEの3種類のニーズと、ニーズごとの潜在・顕在、そして充足・未充足を整理することで、購買要因となり得る**「状態」**を起点に考えることができます。また、その背景にある**「状況」**を捉えることで、何が顕在化し、どんな手段を求めるのかという、CVEPの発見に結び付けることが可能です。これにより「誰に何を提供すると競合から顧客を奪うことができるのか」という、瞬間的な優位性を生み出して「今選ばれる」ための具体的なコミュニケーションコンセプトに落とし込むことができるのです。

ニーズの強弱を生む〝レバー〟

前述の「3種類のニーズ」と「顕在・潜在」の理解によって、そもそも消費者がどういう状態にいるのかという大きな把握が可能になりました。しかし、それだけではまだマーケティングの実務において、どうすればターゲットの心理や行動が変化するのかという、具体施策に落とし込むには解像度が低い状態です。

同じ悩みや問題を抱えていたとしても、普段の情報摂取量や過去の経験、当人にとっての重要度によって、ニーズの強さや弱さは異なります。当然、ニーズが強いほど購入意向は高く、適切なコミュニケーションによって自社ブランドが選ばれる可能性も高まります。しかし、ターゲットのニーズの強弱に合わせた接点をつくり、その上で訴求したりメッセージを伝えたりしない限り、そのターゲットはブランドに対して振り返り、興味を抱くことはありません。解像度の低い理解に基づくマーケティング戦略は、効果を発揮しないばかりか、逆に消費者との関係を損ねる可能性さえあるのです。そこで、より精緻な顧客理解を目指すためのアプローチとして、ニーズの強弱の〝レバー〟となる10パターンの消費者状態を紹介します。

①問題や欲求を自分で認識している／していない　問題や欲求に対しての認識の有無。潜在層／顕在層と呼ばれる区分けです。認識している場合、顧客はその解決を求める段階にあるため、より具体的な提案や解決策を提示することが効果的です。認識していない顧客に対しては、まずその問題を課題化させることから始める必要があります。

②問題や欲求の解決方法を想起できている／できていない　既に解決策を想起している場合、行動を起こす準備ができている可能性が高いです。例えば、「この問題にはA社の製品が良さそうだ」「あのカテゴリーで満たせそうだ」と具体的な解決策が頭に浮かんでいる場合は、購買行動に近い状態といえます。反対に解決策が想起されていない場合、

まずはその選択肢を示すことが必要です。

③問題の重要性が個人的に高い／低い　抱える問題の重要性が当人にとって高ければ高いほどニーズは強くなります。ささいなことでも重要視する人もいれば、深刻な問題であっても重要性が低い人も存在します。例えば、トラブルがないにもかかわらず、家庭のセキュリティーを非常に重要視し、防犯カメラの導入を検討する人は重要度が高く、逆に健康診断で悪い結果が出たにもかかわらず、何もケアをしない人は重要度が低い状態です。

④解決や充足への情報収集に対して能動的／受動的　能動的な情報収集者は解決策に対するニーズが高く、購入に至りやすい可能性があります。対して、受動的に情報を受け取っているだけであれば、まずその情報に接する機会をつくり、認識させる必要があります。

⑤情報収集や行動の頻度が高い／低い、習慣性が強い／弱い　問題解決に向けた行動が

頻繁で習慣化している場合、その問題は重要であり、ニーズが強いと判断できます。逆に、行動がまれであったり、特定の状況下でしか行動しなかったりという場合、ニーズは比較的弱くなります。

例：ファッションに関心が高く、常に新しいトレンドを追い掛けて定期的に新しい服を購入している。またはファッションに関心がなく、新しい服を買うのは数年に一度だけ、など。

⑥感情的な影響を受けやすい／受けにくい　個人的な感情や心理的な反応に基づく影響です。満足、不安、期待、喜び、恐れなど、内的な感情状態に強く関係します。

例：子供の健康に対して強い不安を感じている親が、健康食品やサプリメントを購入する時の不安など。逆に、感情よりも価格や実用性を重視して商品を選ぶなど。

⑦他者からの期待や社会的なプレッシャーに強い／弱い　所属する社会やコミュニティー、

文化的な期待や圧力によって生じる影響です。他者からの評価、社会的地位、流行、文化的規範など、外的な要因によって強化されることが多くなります。

例：高級車を購入することで、周囲からの評価や社会的地位を高めようと考えている人。一方、他者評価を気にせず自身の嗜好性のみで車を選ぶ人。

⑧同カテゴリー競合・同便益競合の使用経験がある／ない 競合商品を使用している場合は、一定のカテゴリーリテラシーがあり、次に選択する際は機能と価格のバランスから自身にとってより良い選択を最短で行える傾向があります。一方で競合商品を使用したことがない場合は、そのカテゴリーを解決手段としてまだ顕在化していない、あるいは大きなトライアルバリアが存在している可能性があるため、比較検討に時間がかかる傾向です。

⑨現在使用している競合商品への満足度が高い／低い 競合の商品やサービスに対して高い満足度を持つ消費者は、新しい選択肢に対して強いニーズを感じにくくなります。逆

に満足度が低い場合は、強いニーズを持ち、より良い解決策を積極的に探している可能性が高くなります。

⑩問題や欲求を解決するための時間が限られている／余裕がある　解決が急を要する場合は、迅速で即効性のある対応を求めており、購買行動が直近で発生する可能性が高くなります。対して、解決までの猶予が長い場合は、時間をかけて検討できる詳細な情報やサポートを提供することが有効です。

これらの〝レバー〟の有無や高低などから、ニーズの強弱に合わせて訴求メッセージを調整。最適なタイミングで適切なメッセージを届けることで、より効果的なパーソナライズされたコミュニケーションが可能になります。

例えば、問題や欲求の認識があり、重要性や緊急性も高く、競合使用経験もあり、現状への満足度が低いターゲットへのコミュニケーションなら、「こんなお悩みありませんか」といった課題化を促すのは逆に遠回りとなります。そうではなく、求めている情報が確認でき、いかにコスト（金銭・労力・精神・機会など）を下げることによって購買行動へとスムーズに誘導できるかが重要となります。

一方、問題の認識はあっても重要度や緊急性は低く、情報収集も受動的で社会的な影響に弱い場合はどうでしょう。問題の重要性を気づかせ、課題化させるために、状況（シチュエーション）を捉えたコミュニケーションを通じ、自分事化によって問題の重要度を認識させ、自社の便益を伝えられるかが重要になります。

このように10パターンの〝レバー〟が「ない・低い・少ない・弱い」状態のターゲットは、ニーズが弱い傾向にあり、自社商品を選ぶ理由を認識させるために、「便益」をあらゆる側面から伝え、検討候補の一つに含まれる状態にしなければなりません。例えば、「機能」「用途」「理想」「解決方法」「危険性」といった、今まで知っていてもできていなかったこと、忘れてしまっていたこと、できると思っていなかったことなどを認識。それを通じて、現状とのギャップを認識し、「課題」が生まれ、ブランドの便益を理解できる状態になり、「ブランドを購入する理由」の妥当性を伝えることが必要になります。

一方で〝レバー〟の多くが「ある・高い・多い・強い」といった場合は、ニーズが強い傾向にあり、自社商品を選ばない理由となる「コスト」の解消による購買行動への誘導が重要になります。金銭コストのみならず、心理コストや機会コスト、労力コストなど、対象者にとってのコストとなる要因を把握し、丁寧なコミュニケーションによって払拭する必要があります。サイト上のQ＆Aなどの充実はこれに当たり、どのようなコストを抱えているのかを把握したい場合は、Q＆Aをボタンで開閉する仕様にします。そうすることで、どのQに対して最もクリックが集まっていたかという行動痕跡から把握し、消費者のコストを確認することもできます。

かつては顕在層・潜在層といった消費者の「状態」が大きな区分けのまま戦略を立て、それによって顧客解像度の低さが生じていました。これに対してここまで述べてきたように細かなパターンに区分けし、自社商品にとってCVとの距離が近いターゲットの「状態」はどのパターンかを把握することで、「不確実性」を低減させるボトムアップの戦略が可能となります。

価値のメカニズム：便益とコスト

前述しましたが、消費者がモノを購入する理由は「便益」を得たいからです。そして、モノを購入する時には必ず「コスト」が発生します。コストと聞くと「金銭」のコストを思い浮かべる方も多いと思います。

割引や限定クーポンなどによる消費者に対しての金銭コストを下げるインセンティブの訴求は、反応も非常に良く、購入の決め手や最後の一押しとしては絶大な効果があります。一方で、この高い効果によって、インセンティブなしでは売り上げがつくれないドーピング体質に陥ってしまったブランドも数多く見てきました。

では、消費者にとっての「コスト」とは、金銭コストだけなのでしょうか。割引などによる金銭コストを下げた際の購入者によっては、その安さの感じ方や購入の理由も人それぞれ異なります。

- 以前からずっと欲しかったものが、安くなっていたから
- 以前から興味はあっても購入意向はなかったものが、安くなっていたから
- 偶然いいものを見つけて、ちょうど安かったから
- たまたま見つけて、失敗してもいい金額だったから

同じ割引した価格であったとしても、消費者がブランドに対して感じる「金銭コスト」のメリットの感じ方は、購入前に抱いていた便益への期待によって大きく異なります。消費者にとってコストを抑えることは等しくメリットになりますが、金銭コストを抑えることだけが正解であるわけではありません。つまり、求めている便益と生じるコストのバランスによって、抱く印象は大きく変わるのです。

例えば、胃が痛くなった時に買う胃薬に対して、過度な割引や安さを求めることはなく、すぐ効くという便益の方が圧倒的に優先されるはずです。むしろ割引されている方が効くのかどうか不安になるのではないでしょうか。これも求めている便益と生じるコストのバランスです。消費者がブランドを選択する時の意思決定のメカニズムを理解するためには、「コスト」とは何かを理解する必要があります。

ここで7つのコストについて解説します。

①**金銭コスト**：消費者が商品やサービスを購入する際に支払う金額。付随する決済手数料や配送料、税金など購入金額以外に発生する金額も含みます。

②**時間コスト**：商品やサービスを購入・利用する際に必要となる時間。オンラインショッピングでの検索や比較、配送されるまでの時間、決済者への説明、手続きの確認、導入までの期間や事務手続きなどが含まれます。

③**労力コスト**：商品やサービスを購入するために必要な労力。店舗に足を運ぶ、配送などの申請手続きを行う、アカウント作成、レビューやフィードバックを提供するなどの行為が該当します。

④**心理的コスト**：商品やサービスの購入に際して、選択に伴う不安やストレス、製品が期待に応えるかどうかの不確実性によって失敗や損をしたくない、タスクや苦労を増やしたくないなどの精神的な負担が生じることがあります。

⑤**社会的コスト**：商品やサービスを購入、利用することで、その人の社会的な評判やステータスに影響を与える可能性。高級ブランド品を身に付けることによる他人からの見られ方や、美容医療、薄毛治療など、そのカテゴリーの利用自体が自身の評判につながりかねないことを危惧するコスト。

⑥**機会コスト**：ある商品やサービスを選択することで、他の選択肢を失うことから生じるコスト。例えば、A商品を購入することでB商品の購入機会を失う、あるいはあるサー

ビスに時間を割くことで他の活動ができなくなる、といった状況です。

⑦**知識・情報コスト**：消費者が適切な購入決定を行うため、内容を読み解いたり、コストパフォーマンスを計算したり、複雑な因果を読み取ったりする際の労力が該当します。

一般的には金銭的コストばかりに目を向けがちですが、消費行動には数多くのコストが伴っており、消費者は過去の経験や知識、摂取した情報によって便益とコストを比較し、妥当性を導き出すのです。そして、便益がコストを上回った時、購入という行動が生まれ、その差分が消費者にとっての「価値」となります。

次のページの図で整理してみましょう。

Aさんは、得られる「便益」と生じる「コスト」が同じバランスです。商品に魅力を感じていますが、同時に同じくらいのコストも感じているので、購入の意思決定はできない状態です。

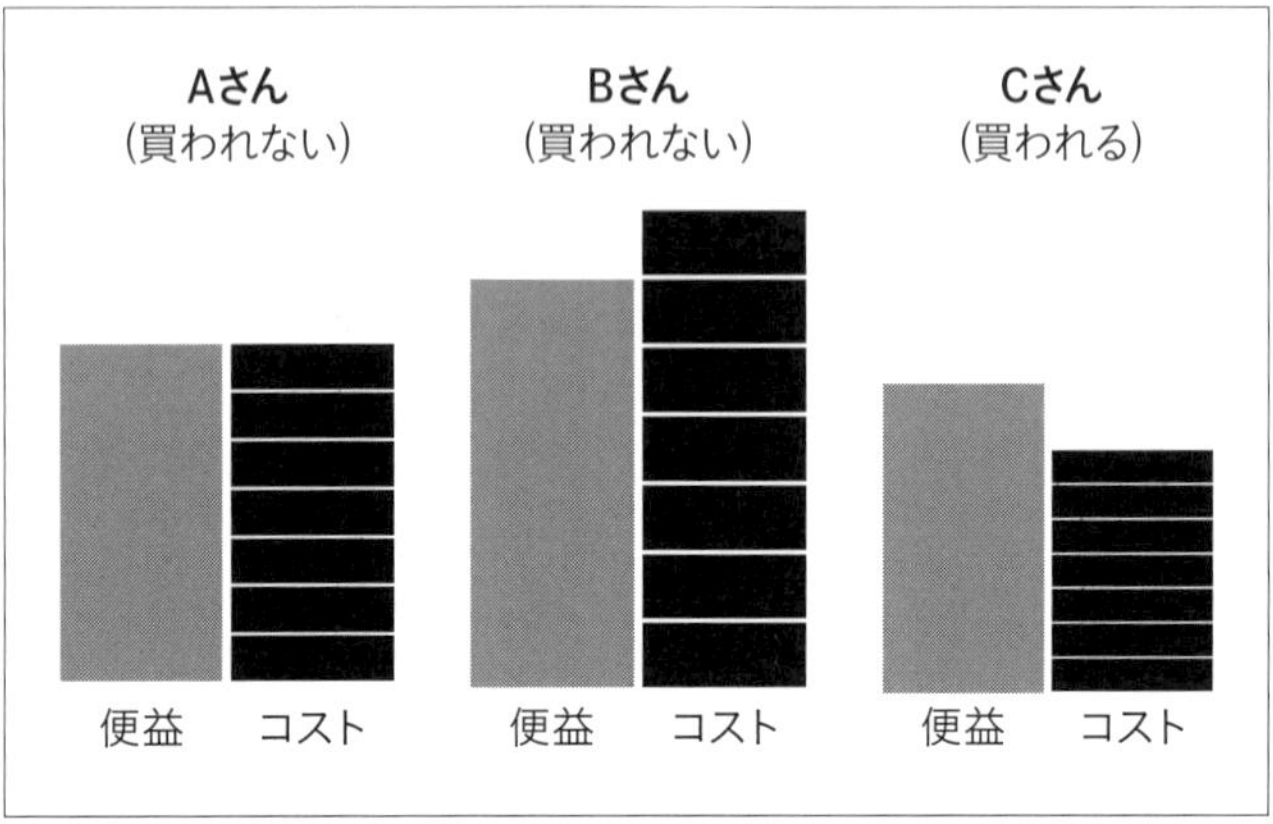

消費者の心理状態によって求める便益のベクトルが変わる 。点線が過去と現在、実線が求めている便益

Bさんは、Aさんよりも商品に魅力を感じているにもかかわらず、コストを高く感じています。この商品の選択は本当に正しいのかというコストが発生しているため、Bさんも購入には至りません。

Cさんは、Aさんほど商品に魅力を感じているわけではありません。しかし、購入に対するコストが非常に低いため、購入に至る可能性が高いです。

金銭的コストは購入に多大な影響をもたらす〝レバー〟の一つであることに変わりはありません。しかし消費者は、得られる「便益」が「コスト」を上回っていない限り、購入に至ることはありません。人は不要なものは1円であったとしても買わないのです。

ここで言いたかったことは、ブランドと消費者との「CVとの距離を近づける」には、便益の理解を促すと同時に、金銭だけではない様々な「コスト」を軽減しなければならないということです。つまり、消費者が抱いている**コストは何なのか**を理解すること自体が、「顧客理解」にとって重要なポイントとなるのです。

便益のベクトルを定める消費者の9の状態

便益には、「元に戻りたい」「維持したい」「より良くなりたい」など様々なベクトルが存在しており、この便益のベクトルを理解するには、消費者の過去の状態と現状という「文脈（コンテキスト）」を捉えなければなりません。文脈は、「過去」と「現在地」の差分によって、どこに向かう「未来」を求めているのかを整理し、そのベクトルに合わせてコミュニケーションを設計する、いわばWHOに対しての「WHAT」の方向性を設計するために不可欠です。

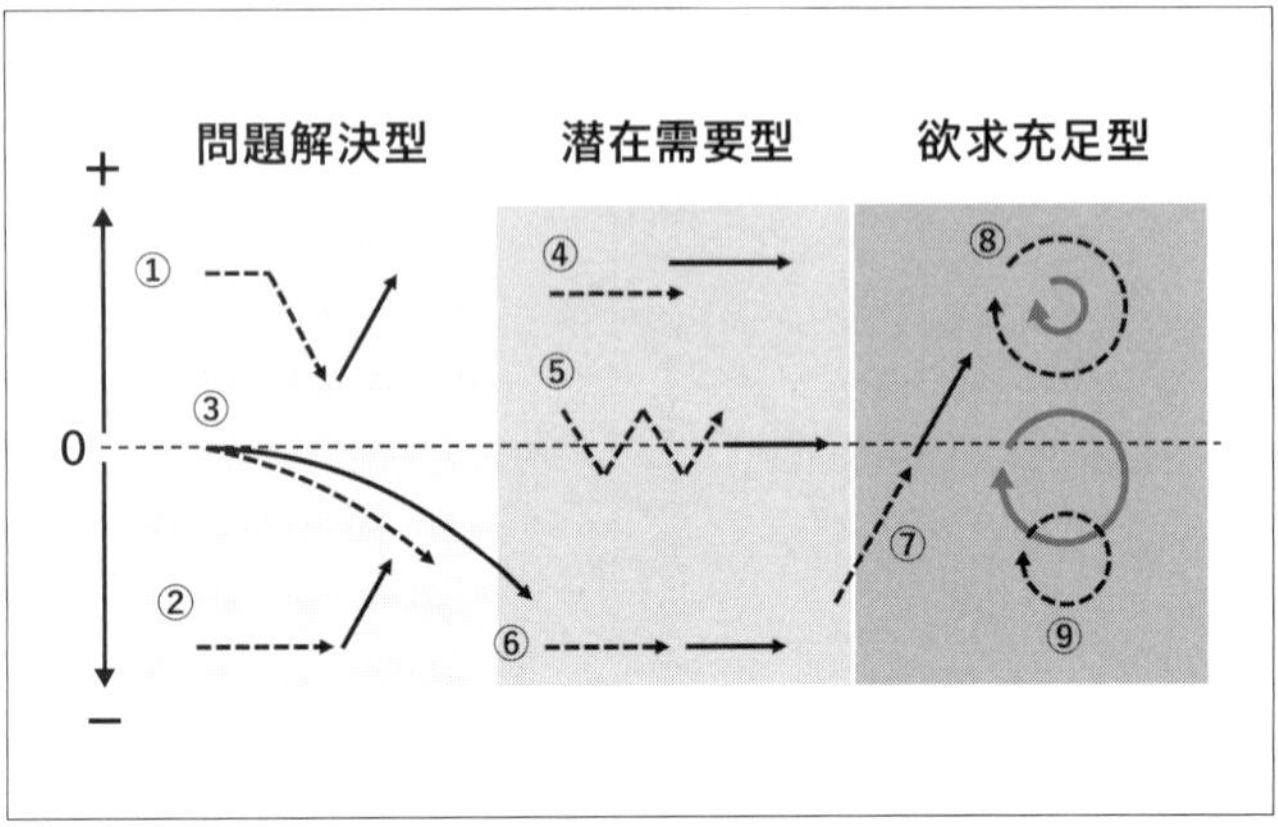

消費者の心理状消費者の心理状態によって求める便益のベクトルが変わる 。点線が過去と現在、実線が求めている便益態によって求める便益のベクトルが変わる

では、どのように文脈（コンテキスト）を捉えるのか。それを「現状」と「過去」について、ゼロを起点にプラスなのかマイナスなのか、欲求ごとに整理したのが次の**9パターンの消費者マインドマップ**です。

上の図の見方として、左から「問題解決型」「潜在需要型」「欲求充足型」の3パターンの大きな区分けがあり、その中でもそれぞれ3パターン、合計9パターンの心理変化があります。

問題解決型：現在地からマイナスに働くことで問題化し、そのマイナスの動きをなくしたい欲求が働きます。

①**突発的に生じた問題を解決したい**　風邪を引いて熱が出た、朝起きて鏡を見たらニキビができていた、トイレが詰まった……。これらプラスだった状態から急にマイナスに落ちる状況が発生すると、従来のプラスの生活に戻る便益を求めます。

②**重要度の高い持続的な問題を解決したい**　ずっとダイエットしていても体重が落ちない、ずっと薄毛に悩んでいるが効果が出ない……。マイナスの状態が続いており、マイナスからゼロに戻るための便益を求めます。

③**継続的な改善に取り組みたい**　年齢に合ったスキンケアを使う、老朽化した家を補修するなど、時間の経過や年齢を重ねることによって生じ続ける問題に対して、根本解決や放置ではなく、今より少しでも良くしたいというマイナスを緩やかにして改善したい便益を求めます。根本的な解決より、マイナスを受け入れながらもできる限りの対策を講じたい欲求を満たす便益を求めます。

潜在需要型：普段は必要性を特別に感じていないのですが、特定の刺激によって突発的な需要が生まれます。

④**問題はないけれど、今より良くしたい**　特に髪質に悩みはありませんが、加齢によって髪質が変化する事実を知り、美容室で使われているノンシリコンの天然シャンプーを購入し、今のプラスの状態をより維持できる便益を求めます

⑤**不定期に発生して、すぐに忘れる問題をなくしたい**　ときどき膝が痛い、雨の日だけ髪が広がるなど、発生してはいつの間にか忘れてしまう問題について、発生しないゼロの状態を維持できる便益を求めます。

⑥**問題をこれ以上悪化させたくない**　ずっと健康診断で気を付けなければならないと言われているなど、解決していない問題に対して、これ以上マイナスが悪化しないための便益を求めます。血糖値が高いことを注意しなければならないのに、食事の制限を我慢したくないので、お守り代わりのような便益を求めます。

欲求充足型：自身の抱いている欲求を満たすため、マイナスやゼロからプラスになりたい欲求です。

⑦**より良い結果を得たい**　過去の悩みを解決できた成功経験から、こだわりが強まり、効果の確実性が高い便益を求めるようになります。

⑧**自分らしくいられる価値を享受したい**　趣味で集めているグッズ、推し活、SDGs、丁寧な暮らしといった、個人の価値観や嗜好による評価基準により、マイナスという概念でなく、より自分らしさを形づくることができる便益を求めます。

⑨**不足している自分らしさを得たい**　本来は、円の中心に向かう自分らしい価値観を持ちたいけれど、持ち得ていないためマイナスに感じています。フォローしているインフルエンサーが愛用しているブランドや、社会的に評価が高い商品を使用することによって、マイナスは解消できなくても、疑似的に自分らしさを演出できる便益を求めます。

これらのように過去は「マイナス」「ゼロ」「プラス」のどの位置にいたのか、そして現在はどの位置にいるかによって、未来の角度と方向を定めることが可能になります。

例えば次のように、ニキビの悩みと言っても「過去」と「現在」によって求めている未来も変わっていきます。

・今までできたことがない、突如発生したニキビの悩み

①が該当

緊急性が高く、今すぐニキビのない元の状態に戻りたいと願っています。ニキビに対しての情報摂取量が少ないため、自分で判断できず、購入への不安解消を重視するため、ニキビ改善への権威性や口コミが多い商品を検討します。

↓口コミ、医師コメント、コスメのランキング、返金保証など

・長期間続いているニキビの悩み

②が該当

悩んでいる期間が長いため、ニキビに対しての情報摂取量は多いです。有効な成分も理解していて、他社商品を試した経験もあり、効果が期待できる商品を求めています。ウェブサイトやボトルのデザイン性、芸能人起用など情緒的な要素はコンバージョンに全く影響しません。

↓主要成分と配合量の表記、適切な価格、販売企業

・ときどきできるけれど、いつの間にか無くなってるニキビの悩み

⑤が該当

定期的にできるニキビですが、いつの間にかなくなっており、対処の緊急性は低いです。体調やホルモンの影響によって生じている原因の理解と、肌荒れなど複合的な問題も同時に解消できることの理解によって需要確度が高まります。

↓原因の理解、複合的な問題解決

・昔悩んできたニキビが治り、肌をよりきれいにできる確実性の高い効果を求める

⑦が該当

過去のニキビに悩んだ経験と治した成功体験によって、ニキビができるメカニズムや原因といった知識が豊富にあり、二度と悩みたくないが故に最新の医療技術や成分など、より一層確実性の高い効果を求めるようになる。

↓主要成分の配合量の情報、論文や権威ある医師の推奨など

以上のように、同じニキビ用商品であっても「過去の状態」と「現状」によって緊急性や重要度、情報摂取量によるリテラシーなどの文脈次第で、「得たい便益」のベクトルが変わるのです。ここまで細分化して考えていくと、「ターゲットはニキビで悩んでいる人」というターゲティングがいかに解像度の低いもので、それを基に設計された戦略がいかに漠然としていて精度が低いかを理解いただけたのではないでしょうか。

優位性のメカニズム：差別化と品質

本当に**「競合との差別化を強化し、品質を高めて付加価値をつけなければ市場で生き残れない」**のでしょうか。

私たちが日々クライアントと対話する中で、「自社の商品にはこれといった特徴がなく、何を強みにすればよいのか分からない」といった相談をされます。マーケティングの書籍や教科書には「競合との差別化が何よりも重要だ」と書かれていることが多く、それを前提に考えた時、競合にない強みを見つけることが優先課題だと捉えてしまうのです。確かに、競合にはない明確な特徴があれば、それを生かして強力なメッセージを発信し、消費者を引き付ける力が生まれます。そこは否定しません。

しかし、少し視点を変えてみると、消費者が実際にどのような商品を比較検討しているかを考慮しない場合、その「強み」もただの「特徴」の一つに過ぎなくなってしまうのです。つまり、どんなに差別化要素を強調しても、消費者がそれを価値として認識しなければ、差別化は機能しません。では、本当に消費者の購買行動は「差別化要素」だけによって引き起こされるのでしょうか。

売り手は商品やサービスの品質を上げることが競合優位性を生み、その結果、消費者にとっての魅力となって選ばれる「はず」と考えてしまいます。ではいったいその品質とは何なのか。ここを見誤ると、自社にとっては魅力だと考えているものが実は、消費者にとっては魅力ではなかったという勘違いにもつながり、「自社の思い込み」を押し売りしてしまう恐れもあるのです。

ここで日本の品質管理の専門家である狩野紀昭氏によって開発された**狩野モデル**を使って、自社の商品やサービスの品質が何かを理解し、自社が販売しているモノはどんな品質を高めるべきなのかを正しく読み解いてみましょう。

狩野モデルとは

狩野モデルでは商品やサービスの品質要素を以下の5つのカテゴリーに分類し、それぞれが顧客満足度に与える影響を説明します。

●当たり前品質（Must-be Quality）

概要：この品質要素は、顧客にとって当たり前であり、欠けると強い不満を引き起こす要素です。しかし、提供されていても特に満足度が高まるわけではありません。

例：自動車の安全性、ホテルの客室の清潔さなど。

●一元的品質（One-dimensional Quality）

概要：この要素は、満たされるほど顧客満足度が増し、逆に不足すると不満が増します。商品やサービスの品質を高めることで、顧客満足度が直接的に向上します。

例：スマートフォンのバッテリー寿命、インターネット接続サービスの速度など。

●魅力的品質（Attractive Quality）

概要：この要素は、提供されると顧客が喜びますが、提供されなくても不満を感じないもので、顧客の期待を超える品質要素であり、驚きや喜びを生むものです。
例：ホテルの無料アップグレード、レストランでの心配りの行き届いた対応やサービス。

●無関心品質（Indifferent Quality）

概要：この要素は、顧客満足度にほとんど影響を与えない要素です。提供されてもされなくても、顧客の反応に大きな違いはありません。
例：製品のカラーなど（顧客にとって重要でない場合）。

●逆品質（Reverse Quality）

概要：この要素は、提供されるほど顧客の不満を引き起こす要素です。求められていないどころか、力を入れれば入れるほど満足度が下がってしまいます。
例：車のエンジン音の大きさや複雑な機能による操作性の難しさなど。

狩野モデルの特徴的な点は、品質要素が満たされた際に、顧客の満足度の変化がその要

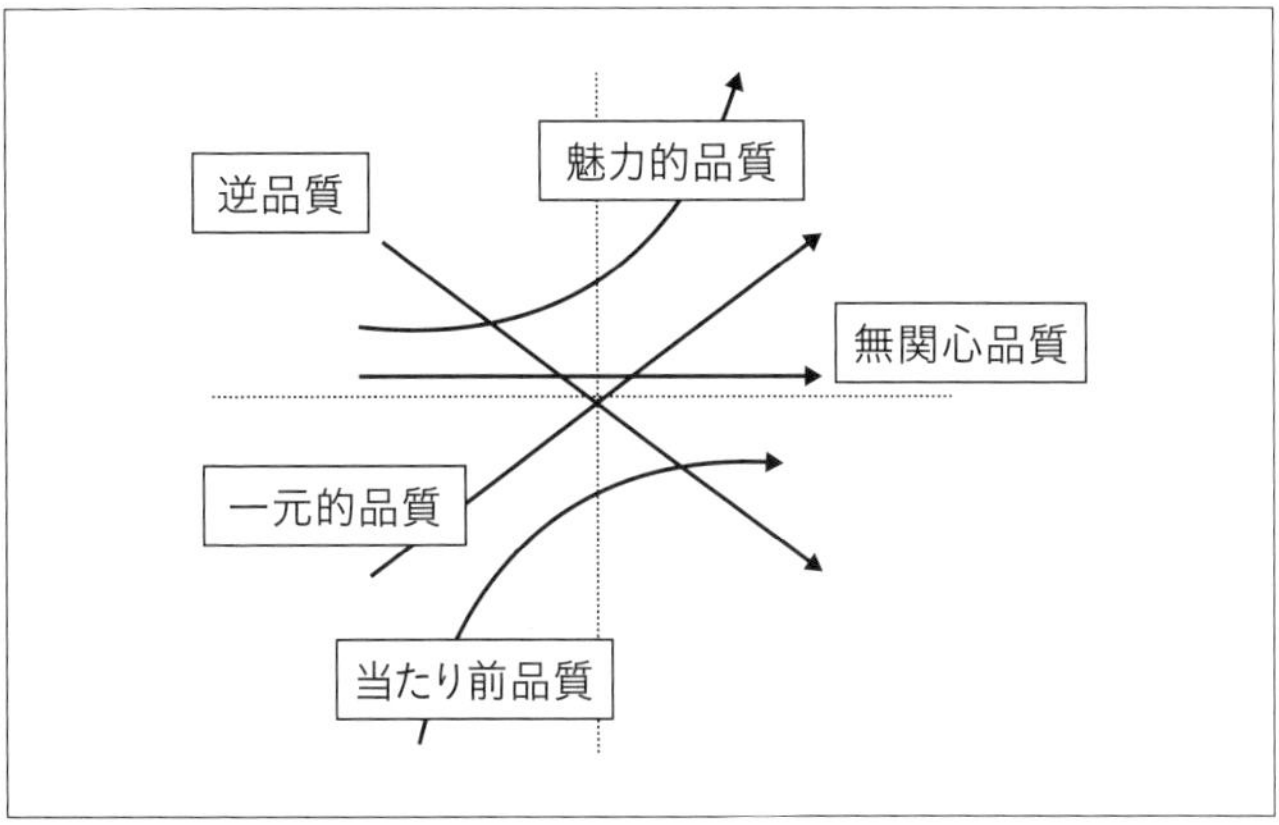

狩野モデルが提唱する品質

注）各種資料を基に作成

素が属するカテゴリーによって異なるということです。例えば、ある要素が「魅力的品質」に分類されている場合、その要素が満たされていなくても顧客は特に不満を感じませんが、満たされることで非常に高い満足度を得られます。一方、「当たり前品質」に分類される要素の場合、満たされていないと顧客の不満が大きくなりますが、満たされたとしても特別な満足感を提供することはできません。このように、品質要素の充足度と満足度の関係が、要素のカテゴリーによって大きく異なる点が狩野モデルのユニークな特徴です。

掃除機で考えてみましょう。消費者は掃

除機がゴミやホコリを吸い取ることを当然期待しています。もし吸引力が低いと消費者は大きな不満を感じますが、吸引力が普通であっても特別な満足感は得られません。これが**「当たり前品質」**です。

掃除機を使用してみるとどうでしょう。静かであればあるほど消費者の満足度は高まります。赤ちゃんが寝ていても起きないなど、静音性は高ければ高いほど満足度が増し、逆に騒音が大きければ消費者は不満を感じます。このような品質が**「一元的品質」**となります。

一部の掃除機には、ゴミを自動で排出する機能が付いています。この機能は標準的な機能ではないため、多くの消費者は特に期待していません。しかし、付いていることで大きな満足感を得ることができます。これが**「魅力的品質」**です。

高性能を追求するあまり、使用時の騒音が大きくなったり、過剰な付属品の多さによって保管や管理が面倒になったりなど、良かれと思ったにもかかわらずあだとなるケースもあります。これが**「逆品質」**です。掃除機のアクセサリーなどは消費者にとってあまり重要ではなく、存在しても大きな影響を与えません。人によっては掃除機の色や形状に対してそこまでこだわらない消費者もいるかもしれません。このような品質が**「無関心品質」**となります。

実際のビジネスでは「当たり前品質」を重視している企業もあれば、大手企業が重視していないような「魅力的品質」を重視している企業も存在しています。これらはブランドのポジションを形成する要素であり、同じ掃除機でもロボット掃除機とスティック型掃除機では、重視している品質が全く異なります。

これらのことから差別化とは他者との違いが価値を生むのではなく、どの品質を高めることで消費者の満足度を高めるのか、そしてその点を押さえることがブランドにとって利益を生めるのか、に尽きるのです。

私が以前に支援していた企業では数多くの商品を扱うECサイトを運用しており、売り上げの低迷という課題に直面していました。実施している施策全体からボトルネックを洗い出していると、売れ筋上位商品の中にリピート率が非常に高い商品がありました。これだけリピート率が高いということは、世間にはまだ十分に魅力が伝わっていないのではないか、それを伝えることでさらに新規獲得数が増えるのではないかという仮説が浮かんだのです。

そこで、新たな魅力となる「競合優位性」を探すアプローチとして、その商品と競合商品のリサーチを実施しました。しかし、いくら競合商品と比較しても特筆する「差別ポイント」が見つからず、むしろ競合商品の特徴の方がハッキリしており、当時の私は、なぜこの商品が売れ筋商品としてこれほど購入され続けているのかが分からなかったのです。

視点を変え、自社商品の購入者と競合商品の購入者の口コミレビューを比較し、なぜ自社商品が選ばれているのかを導き出そうとしました。その結果、大きな違いを見つけたのです。

特徴がハッキリしている競合商品への高評価のレビューには、「際立った特徴に対しての満足度」を伝える内容が多い一方で、低評価のレビューには「〇〇がなくて困った」「もう少し〇〇だったら良かったのに」といった充足できなかった要素に対して不満も多く見受けられたのです。

では、リピート率が高い商品の購入者レビューはどうだったのか。高評価のレビューには、「毎年助かっています」「どんなシーンでも使えて便利」「お手入れしやすくて重宝してます」「とても良かったのでもう1つ購入しました」という、何も不足がない満足感を伝える評価がとても多かったのです。

これらを整理すると、競合商品は「あったらうれしい」という魅力的品質への満足感はあるものの、「なくては困る」という一元的品質への「未充足感」に対しての低評価コメントも多数存在。逆にリピート率が高い商品へのコメントは、一元的品質が非常に高いクオリティーで設計されていることへの「満足感」によって構成されていたのでした。

私たちはこの発見から、ECサイトや商品ページ、広告クリエイティブについて、消費者にとっての当たり前品質や一元的品質を整理し、今までは機能説明にとどまっていたコミュニケーションを丁寧にアップデートしました。これにより、新規獲得数およびROAS（Return on Advertising Spend）も大幅に改善することに成功したのでした。

この事例から分かる通り、冒頭に記載した競合との差別化は価値なのかという問いに対しては、自社観点による商品機能だけの差別化だけで判断しては価値にはなりません、という回答になります。消費者にとってどんな品質が価値と捉えられているのか、自社と競合を消費者視点で相対的に比較することで、自社が「選ばれている理由」が見えてきます。競合商品に対しての消費者の不満や未充足なことは、自社商品にとっての強みとなり、消費者にとっての価値となるのです。

顧客満足度と売り上げが相関していないということが話題にも挙がることがあります。これは顧客満足度を高めても意味がないということではなく、カテゴリーによって、また集計期間によって評価軸は当然変わりますし、どの品質による満足度かも影響を与えます。先ほどの新規獲得数やROAS改善の実例では、顧客満足度の中心が、ないと困るけれどあったらうれしい「一元的品質」によるものでした。これが魅力的品質によって満足度を高めていたとしても、ＬＴＶは高まらず、売り上げにも直結しなかったでしょう。

つまり、どの品質を高めることで生じた満足度がＬＴＶに影響を与えるのかという観点から要素分解し、正しく理解しなければなりません。多くの企業が、開発、広報、マーケティング、セールス、ＣＲＭ（Customer Relationship Management）など各部署が異なるＫＰＩを追い求める組織体制かと思います。この部分最適によって、横串となる「消費者にとっての品質」が抜け落ちてしまうことで、誤った顧客満足を追い求めてしまうのです。改めて、消費者が求めている「品質」とは何かを起点に、自社の強さ・弱さを捉え直し続けることが「瞬間的な優位性」を生むために不可欠なアプローチとなるのです。

3章 まとめ

顧客理解の「前提」を踏まえたマーケティング実践の重要性

顧客理解はマーケティングの出発点であるにもかかわらず、多くの実務者が何を理解することが顧客理解なのか分からない、という初期段階から前進できずにいます。顧客を深く理解するためには定性的・定量的な分析を横断することが不可欠ですが、それを正しく実行できる人はごく僅かです。一方のデータから解釈を生み出し、仮説を構築することはできても、両面からバランス良く洞察を得ることのできる人材は非常にまれです。その結果、自分の主観を一般論にすり替え、意思決定が行われてしまうケースも少なくありません。

この問題を解決するためには、3章でお伝えしたように**ニーズのメカニズム**、**便益とコスト**、**差別化と品質**といった顧客理解の「前提」を深く理解することが第一に重要です。これらの前提を踏まえ、消費者の購買行動につながるメカニズムや、消費者の状態別のアプローチを取り入れることで、迅速かつ的確に仮説を生み出せるようになります。そして、事実の把握における社内の目線合わせが容易になり、解釈の差異も生じにくくなります。結果として、リアルタイムで消費者のニーズに適応するためのＰＤＣＡサイクルを効果的に回すことができるのです。

デジタルの活用もこのプロセスには欠かせません。デジタル技術によるデータの可視化は、マーケティング戦略をアップデートするための重要な要素となっています。「どのコピーが消費者に響くのか」を会議室で延々と議論するよりも、限られたデータから仮説を立て、迅速に実行し、検証するべきなのです。そうすれば、どのアプローチが効果的であるかという客観的な事実に基づいて議論を進められます。デジタルツールを活用して消費者の行動を可視化することで、その行動がビジネスに与える具体的な影響を計測する――。その結果に基づいて戦略を素早く調整することが可能となりました。

一方で、デジタルを活用したデータ偏重だけでは顧客理解はできません。ヒートマップツールやGoogle Analyticsなどの分析ツールを活用したセミナーが依然として人気であるのは、「ツールの操作技術で顧客を理解しよう」という姿勢の表れとも言えます。しかし、それは真の顧客理解ではなく、単にデータの収集方法を学んでいるに過ぎません。

真の顧客理解を実現するためには、データによる定量的な分析だけでなく定性的な側面にも目を向け、横断的に事実を捉え、仮説を構築し、検証する必要があります。顧客理解の「前提」をしっかりと押さえ、それに基づいて仮説を構築して検証するプロセスを繰り返すことで、データに表れない顧客の真のニーズや動機を捉えることができるのです。

結論として、顧客理解における「前提」を理解することは、効果的なマーケティング戦略を策定する上で不可欠です。定性・定量の両面から顧客を深く理解し、その知見を組織全体で共有することによって、意思決定の質を高め、消費者のニーズに迅速に対応することが可能となります。これこそが、現代のマーケティング実務に求められる姿勢であり、方向性であると言えるでしょう。

BOTTOM-UP MARKETING

第4章

コンバージョンにつながる17の具体アプローチ

ボトムアップによる具体アプローチを実践

第4章では、前述してきた内容を踏まえて、より実践的なお話をします。顧客理解に基づいてボトムアップを取り入れることで、コンバージョン（CV）につながる**17の具体アプローチ**をご紹介します。

この書籍ではフレームワークを、**不確実性**を疑似的に固定化するツールと述べました。フレームワークは思考を整理するときに補助的な役割を果たしてくれますが、決して答えを出してくれる万能薬ではありません。『なぜ教科書通りのマーケティングはうまくいかないのか　電通戦略プランナーが教える現場のプランニング論』（北村陽一郎著／宣伝会議）では、「過剰な一般化」という言葉が使われていました。「それはそうだな」と納得するようなことがあったとしても、「いつも必ずしもそうではない」ことの方が世の中には多く、すべてのパターンを兼ねた正解を導き出す〝魔法の杖〟などはなく、最終的には実施してみなければ分からないことの方が多いのです。

フレームワークのみならず、マーケティングの書籍や教科書に書いてあることも、他社の成功事例も、実績が豊富な広告代理店の提案も、「それはそうだな」と納得することはあっても、「いつも必ずしもそうではない」という意識が必要です。「もっと効率良くできないか」「もっと失敗しない方法はないか」と人間の心理として願うあまり、いつしか**誰もが納得できるものが正解**であると錯覚してしまい、確からしさだけを紡ぎ上げることに時間とお金とリソースを投下してしまうのです。失敗を恐れることによって出来上がってしまったものが「過剰な一般化」なのかもしれません。これから紹介する具体アプローチに対しても同様です。これを実施すれば100%望んだ結果が得られるかというとそうではありません。「必ずしもそうではない」という例外も当然のように存在しています。その不確実性を念頭に置き、消費者の反応から正解のかけらを集め、瞬間的な優位性を生み続けるボトムアップのアプローチに活用いただければと思います。

1. コンバージョン（CV）とは消費者に「喜ばれた結果」というマインドが顧客起点のスタート

まず初めにお伝えしたいのが、「コンバージョン（CV）」という言葉だけが先行してしまうと、無意識のうちにお客様を単位というデータとして考えてしまい、顧客起点の思考が抜け落ちてしまう、マインドの重要性についてです。

自社にとってのCVの意味は分かりやすいです。CV数が何件で、CPOが何円で、営業利益が……というように、自社にとっての成果を表す指標です。しかし、消費者にとっては自分がまさかCV数としてカウントされているなんて夢にも思っていません。

そう考えるとCV数が増えたという状態は、売り手にとってはうれしい都合ではありますが、消費者にとってはどうかという観点がどうしても抜け落ちてしまいます。その結果、購買行動の心理や行動変化の背景を捉えることができなくなってしまうのです。

このような、マーケティングにおける横文字英語を頻繁に使うと、消費者はいつしか単位や記号としてしか見えなくなってきます。なぜ購入されたのか、なぜ購入されなかったのか、何を期待されたのか、何が不安だったのかという、消費者の行動の背景にあった変化を想像することができなくなるのです。CVとは、**「顧客が求めていた便益が得られ、喜ばれた結果」**であることを忘れてはいけません。

2. 既存顧客の理解：今ブランドを選んでくれている人は誰なのか

「我が社は顧客理解をないがしろにしています」と掲げる企業なんて恐らくないでしょう。程度の差はあっても、企業は顧客を理解することが大事だと分かっています。しかし、企業やブランドの意図によって設計される戦略の多くは、「ブランドを選んでほしい人」という、まだ見ぬ理想の顧客像を探し出すためだけの仮説を紡ぎ上げた、不確実性の高い設計に多くの時間やコストを投下し過ぎてしまいます。しかし、現実は理想通りにはいきません。

だからこそ、**今ブランドを選んでくれている人**の理解を徹底的に深めることが重要なのです。理解といっても、デモグラフィックデータのような年齢や属性ではありません。それらは消費者を形づくる要素の一つであって、必ずしも購買要因とひもづいているわけではないのです。

理解しなければならないのは、**「ブランドが選ばれた理由」**です。相談を受けた企業にヒアリングしても「この商品は40代の男性に売れている」という傾向は分かっていても、いつどんな状況でどのように自社のブランドが消費者にとって価値に変わったのかという背景まで理解しているケースは多くありません。この状態のまま消費者に対してコミュニケーションを続けると、本当は買ってほしくない顧客のCVを生んでしまい、商品とのミスマッチの原因となります。期待値がズレた顧客とのマッチングは、期待外れというネガティブな印象や口コミを生んでしまい、本来は購入してくれるはずだった他の消費者のモチベーションを下げてしまう恐れもあります。重要なのは「ブランドの便益」と「顧客のニーズ」とのマッチ精度を高めることなのです。そのために理解しなければならないのが、「ブランドが選ばれた理由」です。

既にブランドの提示した便益に期待価値を感じて選択している既存顧客は、その「選んだ理由」を最も理解している唯一の人物であるはずです。この顧客を理解することでブランドが選ばれるポジションを把握し、最も顧客を奪いやすい競合を定めてコミュニケーションの精度を高めるのです。

例えばLTVを起点に既存顧客を整理するとなると、このような区分けができます。

・直近で購入した人物
・購入後にn回目の購入に至った人物
・購入後にn回目の購入に至らなかった人物
・年間購入回数が多い人物
・年間購入回数が少ない人物
・年間購入金額が多い人物
・年間購入金額が少ない人物

これらの人物は、何を求めてブランドを選択していたのでしょうか。

・どんな状況でニーズが発生したのか
・どんな便益を求めたのか
・どんな代替手段を選んでいたのか（想起していたのか）
・代替手段にどんな不服や不満、未充足なニーズがあったのか

ブランドの体験後に購入を続ける、または続けないという意思決定は何が充足して、何が未充足だったのか。

・期待値を超えた体験は何か
・期待値通りだった体験は何か
・代替手段にスイッチした要因は
・代替手段にスイッチせず使い続ける要因は

これらの項目を理解するだけでも、自社のブランドがなぜ選ばれたのか、なぜ選ばれ続けているのか、なぜ選ばれ続けなかったのか――その理由を把握することができるのです。これらを起点にすることで、誰に何をどのように施策を実行すると、今のマーケティング

課題が解決できる可能性が高まるのかという、不確実性の低い具体的な戦略が設計できるようになるのです。

3．ブランドの多面性：選ばれる理由は1つだけではないことを理解すべき

ブランドが選ばれる理由には、売り手側では全く予想だにしなかったものが見つかることがあります。有名な話ですが、山善というメーカーから発売されている食器乾燥機は、プラモデルの塗装の乾燥機として活用されています。食器乾燥機としては温度が低く、プラスチックのパーツを入れても溶ける心配もなく、プラモデル愛好者の界隈《かいわい》では愛用されているのです。

このような極端な使用例ではなくとも、消費者それぞれにとって商品への求める便益も価値も非常に多面的です。それもそのはず、人の欲求の強さや生じる問題、問題が発生する状況や、その時の重要度や優先度は刻一刻と変わり続け、その変化によってブランドに

対しての印象や必要性、求める便益も変わっていくのです。

例えば、とある**「トラネキサム酸配合の美白美容液」**を購入した方々のレビューの一部をご紹介します。

50代口コミ　シミが薄くなりました／シミ効果に期待しています／ずいぶん、シミが薄くなりました

40代口コミ　年齢的にシミ・そばかすが気になり出して／もともとそばかすがあり気になっていた／シミを目立たなくしたいと思い購入した／シミがこれ以上増えないことを願って

30代口コミ　顔全体がトーンアップした感覚があります／シミとくすみが悩みでした／お肌がスベスベになった気がします／前より肌がツルツルに感じる／ほほのシミが薄くなった気がします

20代口コミ　肌がもちもちになるのでお薦め／つけた翌日は肌が滑らかに／化粧乗りが良くなった気がする／毛穴の詰まり、きめの細かさが全然違う

年齢によって生じる問題（化粧乗り、シミ、くすみ、そばかす）は変化するので傾向はあるものの、**同じ商品**を、**同じ売り場**で、**同じページ**で販売しているにもかかわらず、これだけ期待されている便益や、満足している効果が大きく異なるのです。購入者それぞれが感じた価値とは、ブランドが提示できる便益の多面性の表れであり、この数が増えれば増えるほど、ブランドは多くの方から選ばれる可能性が高まるのです。

この多面性を理解しないまま、「50代で最も多い悩みはシミ」というアンケート結果をうのみにしてしまい、ターゲットを絞り込むことで「50代のシミ悩みに」のような広告コピーを作ってしまいがちです。ボリュームゾーンに訴求したつもりが、思ったように獲得数が得られないということが頻繁に起こってしまいます。これはターゲットを絞り込み過ぎることによって、その他の年代や悩み領域でのＣＶ率が悪くなり、ＣＰＡが悪化してしまうのです。

そうではなく、例えば「赤ちゃん肌」のようなコンセプトに設定すれば、「シミがない」ことに加えて「くすみもなく」「ツルツルしている」「毛穴が目立たない」「若く見える」といった複合的な便益を消費者が想像してくれるのです。こういった最大公約数のコンセプトによって余白をつくらなければならないのです。

バナーだけ、チラシだけ、ランディングページ（LP）だけ、ウェブサイトだけ、という「点で」捉えてしまうと、すべてを網羅した上で鋭い訴求を伝えなければならないと意気込み、ターゲットを絞り込み過ぎてしまうのです。しかし、本来はブランド価値の多面性を理解した上で、消費者に対して解釈の余白をつくり、消費者が求める便益の最大公約数を狙うための抽象度のバランスが非常に重要なのです。

「自社が選ばれる多面性」を理解しないまま、認知施策から始めるマス広告などのトップダウンによるアプローチを実施してしまうと、商品が持つ1つの側面だけを自社の強みと誤認してコンセプトに落とし込んでしまい、1つのメッセージだけで統一性を持ってコミュニケーションを設計し始めかねません。これがいかに不確実性が高い設計であるかが、お分かりいただけたかと思います。

4. ブランド品質：消費者にとってのブランドの品質を正しく理解する

ブランドの魅力は何か、競合優位性は何かという問いは、多くの企業が日々思考を巡らせていることだと思います。しかし、自社が打ち出したいこだわりや、競合との単なる差異が、消費者にとっての価値になると限りません。自社にとっての品質向上が消費者にとって無関心なことであれば、それは無駄な努力となってしまうのです。

そこで、3章でも紹介した狩野モデルを用いて、自社の品質、そして競合他社商品の品質を読み解き、改めて自社のポジションを理解することが非常に重要です。

再度、狩野モデルの品質を紹介します。

狩野モデル

- **当たり前品質**：あって（充足）満足度は上がらないが、ない（不充足）と不満に感じる品質要素
- **一元的品質**：あると満足度が上がり、ないと不満につながる品質要素
- **魅力的品質**：あれば満足度が上がるが、なくても不満にならない品質要素
- **無関心品質**：あってもなくても顧客の満足度に影響を与えない品質要素
- **逆品質**：あると逆に満足度が下がり、ない方がうれしい品質要素。

狩野モデルは品質による価値と顧客の満足の関係性をモデル化した理論であり、これを踏まえ、自社ブランドが品質項目のどれに該当するのかを分析します。

次に、ブランドがどのポジションに位置しているのかを、この調査結果から導き出します。

①**満足度・充足度が低い**
②**満足度は高いが充足度が低い**

③満足度は低いが充足度が高い
④満足度・充足度が高い

当然ですが、①の状態では消費者から求められている満足度、充足度を高める機能は何かを明確にし、②→③→④へとポジションを推移させなければなりません。そして、日々新しいブランドが市場に生まれ、ブランドスイッチの機会は増えるため、消費者にとっての求める品質は時間とともに変化するのです。つまり、④の満足度も充足度も高い状態となったとしても、その品質による優位性が必ずしも維持されるとは限らないのです。

商品の開発時もそうですが、多くの企業では競合商品が保有する機能ばかりを強く意識するあまり、他社ではできない機能へのこだわりを「自社の強み」と決めつけてしまいます。例えば今の時代、テレビの画質の良さをどれほどの人が求めているでしょうか。もはや当たり前品質や無関心品質になってきている可能性もあるのではないでしょうか。時間とともに変わる市場の満足度と充足度を消費者の観点から捉え、強化すべき品質を見定め続けることが必要です。消費者にとっての品質を起点にアプローチ戦略のＰＤＣＡのサイクルを回すことが非常に重要なのです。

5.「ニーズが発生した状況×求めた便益×代替手段」を理解する

顧客理解に最も適しているのは「既存顧客」を知ることです。既存顧客は現時点で最も「自社ブランドの便益」を体験している人物であり、この人物こそが「自社ブランドの価値」を認識できる「状況下」にいた人物です。

そのブランド体験は「購入前に買いたいと思わせる力（コンセプト）」よりも「購入後に買って良かったと思わせる力（パフォーマンス）」が高く、そして代替手段では充足させられない要素を認識しているからこそ、ブランドを使い続けている可能性があります。もちろん、「契約の切り替えが面倒だから」「他にいい商品を知らないから」といった消極的選択によって継続している顧客も存在していますが、それらも含めてロイヤル顧客の理解は非常に重要です。

アンケートやインタビューという手法が最も適しています。しかし、それによって顧客の価値観や性格を知ったとして、得られた情報を基に妄想でペルソナを作ったとしても、具体的なコミュニケーションやコンセプト、アウトプットに落とし込むことは現実的に難しいです。ましてや、「本音（インサイト）」は、当人の無意識下にあるものなので、いくら掘り下げて聞き出そうとしても、それが本当に「インサイト」なのかは分かりません。そのような「不確実性」にすがるのではなく、理解すべきことは**コンバージョン・エントリー・ポイント（CVEP）**です。

CVEPとは――①**「いつ」「どこで」生じた問題か？** ②**その時にどんな便益を求めたか？** ③**解決手段として想起した代替手段と満たされない未充足なニーズは？**

2章のコラムで紹介したGREEN SPOONだと、次のページのように整理することができます。

夜9時以降の食事や主婦の一人ランチ、テレワークの昼食、子育て中のジャンクフードなど、多くの状況下で理想の状態とのギャップを感じ、何かしらの「便益」を求めます。消費者はそれらの状況下における解決策として、自炊やコンビニ弁当、デリバリー、コンビニサラダ、外食、ファストフードを想起し選択していたのですが、これらの解決策では満たされない「味気ない」「太りそう」「体に悪そう」「手間がかかる」といった未充足なニーズも同時に発生していたのです。

GREEN SPOONを表層的な機能だけで捉えてしまうと「野菜がたくさん入っているスープ」という位置づけと認識してしまい、スープというカテゴリー市場における戦略に注視してしまうでしょう。しかし、もともと既存顧客はニーズが発生する状況下での解決手段としてスープを想起していなかったのです。これが、ブランドが今選ばれる**CVEP**です。

CVEPは、顧客へのアンケートやインタビューを通じて、「いつ（WHEN）×どこで（WHERE）×どんな理由で（WHY）×どのように使う（HOW）」という3W1Hをリサーチ。そのユースケースと根幹となった状況を理解することで、想定される代替手段や、その手段によって生じている未充足なニーズを整理し、明らかにしていきます。

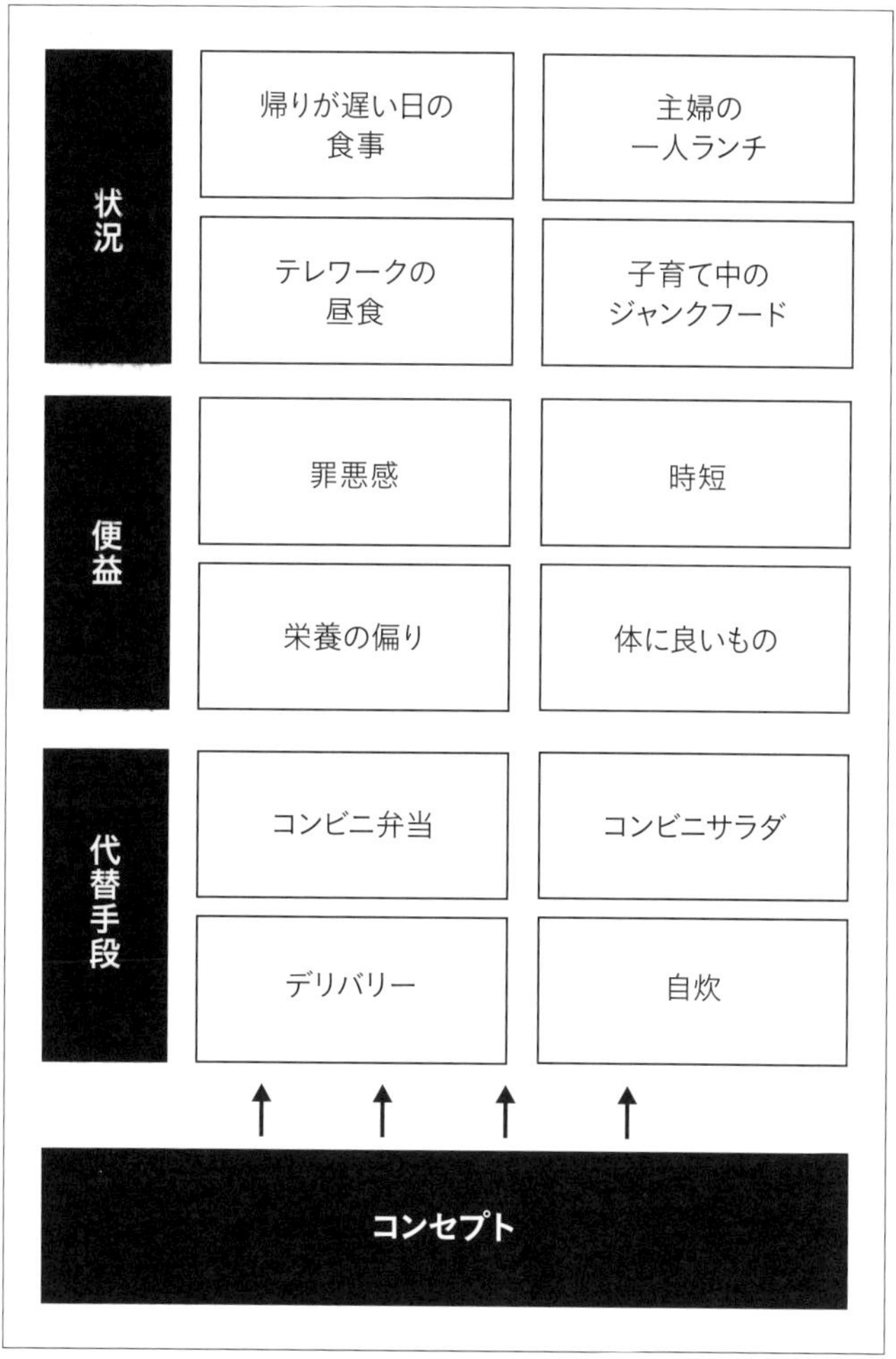

GREEN SPOONのCVEP

手段と目的の違いを理解した上で作るべき「訴求」

広告クリエイティブでは「成分100mL配合」「1位受賞！」というものをよく見掛けますが、これは手段と目的の未理解が生んでしまったもので、手段を訴求軸と錯覚してしまっています。消費者は成分が100mL配合されているものや、1位を受賞したものを求めているわけではありません。

例えば、会社で部下からこんな相談を受けたとします。「新しいパソコンと、あと、チームのメンバーをもう1人増やしてください！」。これは目的ではなく手段です。「プロジェクトの進行が遅れていて、もっと効率良く仕事を進めたいんです。時間を節約して成果を上げたいんです！」。これが目的です。

「新しいパソコン」や「人員追加」は部下が最終的な目的（要求）を達成するための具体的な手段（要件）であり、実際の要求は「プロジェクトの効率を上げ、成果を早く出したい」という根本的なニーズです。

目的に対して手段を提案しても、消費者からの反応は生まれません。生まれたとしても、その要件によって要求が満たされることを認識している人だけです。目的を満たすためのコミュニケーションこそが「訴求」なのです。

6. 代替手段は何か？

CPAを下げなければならない、LTVを高めなければならない、歩留まりを改善しなければならない、などの課題は分かった。しかし、どうすれば改善できるのか――。

こういった具体性の高い施策に落とし込むには、手法論だけではギャンブルになってしまい、やってみなければ結果は分からないという不確実性が拭えません。具体性と確実性の高い施策を生み出すには、自社ブランドではなく、どの代替手段を選択している消費者を顧客としてスイッチさせるのか、つまり**どの競合から顧客を奪うのか**という観点は非常に重要です。

例えば、動画ストリーミングサービスにとって、睡眠や食事の時間、レジャーなど人間の限られた24時間を奪い合うすべてが競合になり得るのです。競合選定は必ずしも同じカテゴリー商品だけではありません。同じ便益や同じ時間を奪い合っている競合選定も必要になり、競合を何に定めるのかによってブランドにとってのコミュニケーション自体が大きく変わります。

では、代替手段とはどのように見つけるのでしょうか。既存顧客からのインタビューによって、以前まで使用していた競合商品を聞き出すという方法もありますが、他にもリサーチのアプローチがあるので、ご紹介します。

効果から代替手段を見つける

先ほどの例にも挙げた「トラネキサム酸配合の美白美容液」であれば、「美白」「シミ」「くすみ」という効果に対しての表現に着目し、同様の効果が見込める競合を選定します。

・同成分が配合された美白美容液

- 同効果の成分が配合された美白美容液
- 同効果が見込める美容液以外のスキンケア（化粧水、クリーム、パック）
- 同効果が見込めるサプリメントや内服薬
- 同効果が見込める美容器具（スチーム、美顔器）
- 同効果が見込める美容医療
- その他（日焼け止め、日傘、食事、生活習慣など）

効果は消費者の要求を満たす要件の一つです。この要件を満たす代替手段は同カテゴリーのみならず、他のカテゴリーにも存在しています。消費者は要求が発生した状況に合わせて、複数の要件から最適なものを選択するのです。また、GoogleやYahoo!、楽天市場やAmazon.co.jpなどで、「効果」を検索した際に表示される、解決商品やカテゴリーなどのサジェストや広告出稿商品から発見するといったアプローチも有効です。

ニーズから代替手段を見つける

「美白」や「ダイエット」といった表現には、実は異なったニーズが含まれているにもかかわらず、消費者は同じ言葉を使っていることがあるのです。

例えば、美白という言葉を使っている人であっても**「黒くなりたくない」**と**「白くなりたい」**という異なる2種類のニーズが含まれており、それぞれのニーズに対して想起する手段は変わります。「黒くなりたくない」はマイナスを増やしたくない、または減らしたいというペインであり、「白くなりたい」は、マイナスやゼロからプラスに転じたいというゲインとなります。

ダイエットにも、「痩せたい」と「太りたくない」が存在しています。これは「減らしたい」と「増やしたくない」という体重を起点とした表現にも置き換えることもあります。その背景が他者からの見られ方によって生じた欲求なのか、健康診断での結果によって生じた欲求なのかによっても、ダイエットに違った意味合いが含まれます。

これらを踏まえ、「痩せたい」と「太りたくない」とでは、どのような解決方法や情報収集の違いがあるのか。検索候補キーワードから求めている便益や代替手段をひもといていきます。

「痩せる」と検索しているユーザーでは、体の部位・体重・方法・期間といった検索語句が見受けられ、運動やエクササイズといった手法が代替手段として挙げられます。一方で、「太らない」と検索するユーザーの場合は、食品が多くを占めています。痩せたいという感情はあっても、食べても体重に変動がない、今の生活習慣を変えたくない、それでいて食事のたびに感じる罪悪感が小さく食べられるものを検索している様子がうかがえます。このように、自社商品が提供できる「便益」に関連するキーワードを複合的に調査し、そのキーワードから「欲求」によって異なる「検索ジャーニー」を読み解き、競合となり得るカテゴリーを洗い出していきます。

機能から代替手段を見つける

配合されている成分、あるいは配合されていないことが機能として特徴がある場合もあります。それらの特徴となる機能から代替商品を見つけます。

例えば、小麦粉や砂糖や添加物を使用していない食品であれば「グルテンフリー」や「砂糖不使用」「糖質オフ」などの表現です。これらの語句を検索すると、自社ブランドと同じカテゴリーのものだけではなく、多くの代替商品を見つけることができます。楽天市場やAmazon.co.jpなどで、これらのキーワードを検索することで、検索上位商品のレビュー数や上位商品の平均レビュー数、登録商品数といったデータから、勝てる見込みがあるキーワードなのかどうかといった見通しを立てられるなど、意外と穴場のキーワードが見つかることがあります。

7. セールスコンセプトの重要性

消費者のニーズとブランドの便益のマッチング精度を高めることは、CVに大きな影響を与えます。その中で、どの領域までを内包した方向性で進めるのかという、大きなくくりを言語化したものがコンセプトです。事業規模や事業フェーズ、また目的によってコンセプトの抽象度や具体性、範囲は大きく異なります。

誰も知らない立ち上げたばかりのブランドであっても、3年後に市場の10％のシェアを獲るという大きな目標があれば、それ相応のコンセプトが必要ではあります。ただし、コンセプトには消費者のニーズに対して適応し続けられる柔軟性も必要ですし、ブランドが今選ばれるためには、あまり抽象的かつ企業目線のコンセプトは機能しません。

先ほどのCVEPでの例に挙げたGREEN SPOONでは、様々な状況×便益×代替手段での未充足なニーズに対して「食べ過ぎ対策」というコンセプトによって、消費者に対してブランドの便益理解を促し、購入する理由を見いだすことに成功しました。

本書の「はじめに」にも記載した英会話コーチングサービスも「2カ月でネーティブのような発音を」というコンセプトによって、海外赴任が決まった人への明確な便益理解を促すことに成功しています。コンセプトは、市場やカテゴリーといった枠組みを外し、新たな市場を創る力を持っているのです。

かなり昔ですが、コンセプトについての有名な話をご紹介します。

１９９０年代後期、外出時に音楽を聴くためのハードウエアはＣＤプレーヤーやＭＤプレーヤーが主流で、音楽好きの人はＣＤやＭＤを複数枚持ち歩くことも当たり前でした。しかし、ＭＰ３プレーヤーという次世代製品が登場し、メーカー各社は小型化と大容量化の技術開発にしのぎを削りました。

しかし数年後、同じようなスペックでありながら、ＭＰ３プレーヤーを駆逐し、市場を制覇するプレーヤーが誕生します。アップル「ｉＰｏｄ」です。ｉＰｏｄのコンセプトは「１０００曲を一度に持ち歩ける」でした。それまではサイズや容量といったスペック（機能）を競う戦い方でした。しかしｉＰｏｄは、このコンセプトとデザインにより、得られる便益や所有した際の独自体験を伝えたのです。

同時に、「ｉＴｕｎｅｓ」という楽曲管理専用ソフトウエアによって、パソコンからの転送で生じていた面倒さという、仕方ないけど我慢していた「未充足」ニーズをも解消。ハード面での戦いだけではなく、ソフト面によるブランド体験をも設計したのでした。

コンセプトとは、iPodのような市場をつくり変えてしまう規模のものからD2Cブランドまで、今購入する理由をつくるという意味では非常に重要な役割をもたらします。そしてコンセプトの根本には、消費者がどんな状況で、何を求め、何に不満を抱いているのかというCVEPを理解し、その最大公約数を捉えた設計が不可欠となるのです。

8. 消費者にとっての優先度と満足度

例えば、健康診断で血圧が高いと診断されているのにもかかわらず、運動はしたくない、塩分は控えたくない、お酒も控えたくないというような、重要だけど後回しにしてしまうことは、多くの人にとって思い当たる節があるのではないでしょうか。

この後回しにしてしまう「優先度」は、消費行動にとって非常に重要です。先ほどの健康診断の結果も含め、私たちの生活には不満足な状況が多く訪れ、すべての状況に対して満足できているわけではありません。しかし、その中でも不満を解消しようと思考や行動が変化するものは、当人にとって優先度が高い事象です。つまり人は、現状への満足度と、それに対しての優先度の2つの項目によって行動が変化します。

①現状に満足しており、優先ではない

自分にとって優先度が低いため、その商品やサービスがなかったとしても不満を抱かず、必要性を感じません。

そのため、現状がいかに「不満足」な状態であり、「優先度」を高めなければならないかという理解を促すために、知らない状態や実行していない状態が損をしている、または危険であることの認識を与える情報やコンテンツが必要となります。

何年か前、あおり運転が多くのメディアで取り上げられたことがありました。この危険性を多くの生活者が理解することでドライブレコーダーが売れ始め、今ではほとんど標準装備のように扱われています。このように、なくても満足していて優先していなかった状況が、特定の情報によって不満足な状況に変わり、消費行動を促すことがあるのです。

②現状に満足していて、優先している

自分にとって優先事項であるため、何かしらの対策や解消に対しての手段を選択してお

り、現状に満足しています。

満足しているということは、その手段が一定程度機能している状況ですが、新たな解決策を知ることなどで、実は諦めていた未充足なニーズに気づく可能性もあります。例えば、メガネやコンタクトレンズに対して不満はなくても、レーシックという新たな解決方法を知ることで現状への満足度が下がるようなケースです。今まで諦めていた状況に対して不満を認識し、需要を生み出すことがあります。

③現状に不満足だが、優先ではない

前述した健康診断の血圧のエピソードのように、不満足であっても優先ではないため、対策できていない状況です。

人は優先度が低くなると、重要性を理解していても行動したくない感情が生まれがちです。つまり、解決策を探すのも面倒になるのです。「3カ月で10Kg減量！」というコピーも、痩せることは分かっても、それ相応の努力を迫られている感情になり、得られる結果よりも、その過程がコストとして感じられてしまうのです。

このような層に向けたコミュニケーションとしては、次の構文が効果的です。

・〇〇しなくても〇〇できる
・〇〇しても〇〇にならない

極端な例ですが次のように、得たい便益に対して生じるコストを帳消しにする構文です。

「運動しなくても痩せられる」
「食べても太らない」

特定保健用食品や機能性表示食品のサプリメントや飲料は、機能性の表現により、この構文と同じ便益を消費者が認識することで消費行動が生まれています。

④現状に不満足で、優先している

既にこの状態にいる層は、不満足である状態を認識しており、また優先しているため、何

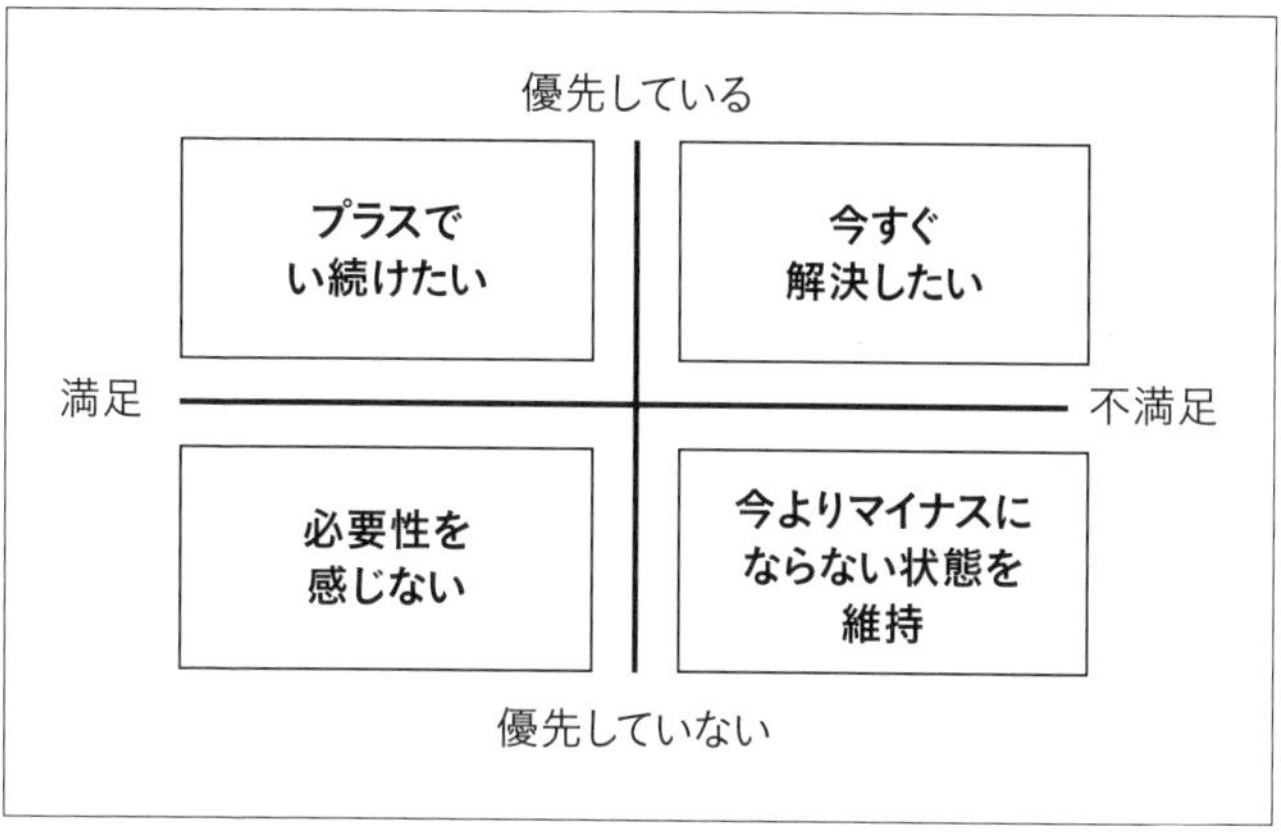

優先度×現状の満足度マトリクス

かしらの解決手段を探したり解決策を受け入れたりしている状態にあります。そのため情報収集に能動的で、積極性が見られることもあります。

つまり、①〜③層に対しては、すべて④**の不満足×優先**への心理移行がゴールとなります。満足しているのであれば不満足へ、優先していなければ優先へ移行させるために必要なコミュニケーションは何か、という観点で考えてみましょう。

優先度が低ければおのずと情報収集は受動的となりますので、こちらから消費者に情報をリーチさせなければなりません。逆に優先度が高いと自ら能動的に情報を収集しており、収集チャネルで情報を待ち受けていなければなりません。そして、その情報には新たな解決策や、課題化させる事実、使い方といった情報をトリガーにして④への心理移行を促すことで、ブランドが選ばれる可能性を高めるのです。

9. 接点ごとの目的に合わせて文脈を合わせるブランド連動度

1章でも紹介したユニクロのテレビCMとチラシの違いは、誰でも分かりやすい「買われる情報」を「広がる情報」に転換した好事例と言えるでしょう。確かに、折り込みチラシのようなCMを打ち出していても、情緒的な便益を感じないかもしれませんし、逆にCMのクリエイティブを折り込みチラシに使用していても、誰も来店していないかもしれません。

つまり、「機能的便益」という買われる情報を軸にしながら、消費者とのタッチポイントと目的に合わせて表現を合わせているのです。これを「ブランド連動度」と呼びます。

ブランド連動度とは、ブランドの「在りたい姿」を100とした際に、ロゴ、コーポレートサイト、テレビCM、ECサイト、広告バナー、折り込みチラシ、LP、メルマガ、LINEといった消費者とのタッチポイントごとの目的と役割に応じて、ブランドの在りたい姿を「在るべき姿」に変換し、その範囲内で濃淡を調整する考え方です。

ブランドブックやロゴ、コーポレートサイトは、ブランドへの理解を目的とした閲覧を前提にしているため、ブランドの概念を具現化した「在りたい姿」を前面に打ち出したブランド連動度が100〜70のクリエイティブが望ましいでしょう。

ECサイトやサイト内のバナーなどは、ブランドへの期待値に応える前提ではありつつもサイト内でのCVが目的であるので、求められている便益理解を促すために、消費者から求められている「在るべき姿」を伝えなければなりません。場合によっては世界観よりもお得感を出すためにも、ブランド連動度は70〜30が望ましいです。

折り込みチラシやLP、販促バナーなどは、来店誘致や購買というCVを目的とするため、購入という行動を促すことに特化したクリエイティブが望ましいです。「なんとなく良さそう」という世界観だけでは機能せず、「これがいい」という便益理解とともに今ブランドを購入すべき理由を伝えなければ、購買行動を喚起することができません。そのためブランド連動度は30以下となります。もちろん、0以下はブランドが望んでいない状態であるため、何をしないのか、してはいけないのかという連動度0の定義が必要となります。

あくまでブランド連動度はイメージであり、ブランドのスタンスや事業フェーズによってこの割合は変動します。しかし、誤解してはいけないのが、消費者にとっての便益が明確だからこそ、チラシを見て買いに行く理由が促されるということです。おしゃれな世界観を表現することや、芸能人を起用することがブランディングではないということを決して忘れてはいけません。あくまでそれらは、機能的便益という土台の上に成り立っているものなのです。

10. 何が顕在化して、何が顕在化していなかったのか

マーケティング実務では、顕在層と潜在層、いわゆる「今すぐ客」と「そのうち客」と

いった属性に分け、それぞれに対して段階的なアプローチを設計します。しかし、「そのうち客」が「今すぐ客」に変わることは起こり得るのです。例えば、Googleが「パルス消費」という瞬間的な消費行動の存在を提唱しているように、つい先ほどまで欲しいと思っていなかった物をいつの間にか検索し、情報収集して「今すぐ客」になっていることがあるのです。

消費者はあらゆる行動において、様々な情報の影響を受けます。新たな「使い方」や「機能」「事実」「解決方法」を知ることで、価値を認識したり再認識したり、現状を課題化したりすることによって、今まで認識していなかったギャップを感じ、優先度が高まったり、満足度が下がったりするのです。

このような瞬間的な心理や行動が変わる「きっかけ」は、消費者の状況によって刻一刻と変化し続け、何がトリガーとなって起こり得るのかは予測しようがありません。予測するのではなくコントロールするため、あえて顕在層や潜在層という「今すぐ客」と「そのうち客」という区分けにするのではなく、どのニーズが顕在化していて、どのニーズが顕在化していないのか、そのニーズの種類は何かを定めて検証を繰り返す必要があります。

そのニーズの種類が、「BEニーズ」「DOニーズ」「HAVEニーズ」です。「○○したい」というDOニーズと、「○○が欲しい」というHAVEニーズは、顕在化しやすく具体的でうつろいやすく、ニーズの種類も数多くグラデーションで存在します。マーケティングの実務で顕在層や潜在層という言葉を用いる際は、どのニーズが顕在化しているのかという定義を決めておくことが大事です。誰のどのニーズを顕在化させるのか、どの顕在化したニーズに対してのコミュニケーションなのかが明確になり、意図を持った施策が実施できます。

以前にマーケティング支援していた企業で、子供用のエプロンを販売していました。この商品は「子供が一人でも着られる」という、簡単に着用できることをコンセプトに設定して訴求を実施したのですが、効果はいまひとつ出ませんでした。

これは子供がエプロンを着用する際、親が忙しい時に着せたり脱がせたりしなければいけないという、面倒さや煩わしさという「DOニーズ」が顕在化している消費者に対してのコンセプトとなります。しかし、このコンセプトは「エプロン」というHAVEニーズが顕在化していなければ、便益を価値とは感じられなかったのです。

その後、リサーチを繰り返し検証した結果、最も効果があったのが「子供がお片付けするエプロン」というコンセプトでした。これは、子供がおもちゃで遊んだ後に片付けなさいと叱らなければならないという「DOニーズ」が顕在化していても、解決手段がないため、未充足なニーズが存在していたのです。子供がこのエプロンを着用することでお片付けも遊びの一環となり、叱らなくても子供が能動的にお片付けする未来と、子供自身が脱ぎ着できることで手間も省けるという便益を理解し、広告成果が非常に向上しました。

この事例のように、コンセプトや広告成果だけの良しあしを感覚的に評価するのではなく、消費者にとってどのニーズが顕在化し、顕在化していないのかを整理することで、提示すべき便益にたどり着けるのです。消費者は、商品の特性だけでは便益を理解したり想像したりできません。また、わざわざ自分で深く考えてはくれないことも忘れてはいけないのです。

11. 消費者にとっての価値は何か

価値とは消費者が決めることであり、売り手側が提供できるのは「便益」です。そして消費者にとって「便益」を得ることは、同時にコストとのバランスを考慮しなければなりません。これらを踏まえると次の公式が成立します。

価値＝便益－コスト

コストは3章でもお伝えした通り、金銭的コストだけではなく、時間や労力、心理、社会、機会などのコストがあります。売り手としては、いかにこれらのコストを払拭し、買われない理由を排除できるかが、購買行動を促す大きな〝レバー〟となります。

では価値とは、どのようなものが価値になるのでしょうか。大きく分けて、購入前に買いたいと思える「期待価値」と、購入後に買って良かったと思える「体験価値」がありま す。これは、1章でも述べたC/Pバランス理論の、コンセプトとパフォーマンスと同義 です。

特に、CVにつながるという意味では、買いたいと思える「期待価値」を消費者に対して認識してもらえるかどうかが重要になります。期待価値には4つの軸が存在しています。

期待価値を構成する4つの軸

- **手段** 商品やサービスの機能、品質、性能、コスト削減などの実用性によってもたらされる価値です。
- **目的** 使用後の感情や情緒など消費行動の結果として得られる価値です。問題の解決や所有することでのステータス、憧れなどが該当します。
- **自分** 得られる機能や消費行動の結果が、自分にとって有用であるかどうかの価値です。自己実現のための知的好奇心など、自身の価値観などにも影響します。

・**他者**　自分以外の他者、所属する社会やコミュニティーなどに対して有用性となる価値です。ギフトや奉仕、他者からの見られ方などの対人関係も影響します。

これらの4つの軸を基に期待価値を分解すると、次のようなパターンに整理することができます。

・**自分に対して手段としての価値**
・**自分に対して目的としての価値**
・**他者に対して手段としての価値**
・**他者に対して目的としての価値**

消費者が購入前に期待する価値をこの4つの観点から考えてみた際に、どの領域が満たされているか、どの領域が不足しているかを整理してみることが重要です。1つの領域だけでは競合他社と比較した際に価値として感じられない可能性があります。

そのため消費者に対してのメッセージや訴求は、これら4つの軸から便益として伝わるコミュニケーションを意識します。期待価値と体験価値のどのフェーズにおいて何を伝えるのかという優先度と施策を設計することで、選ばれ続けるコンセプトとパフォーマンスのバランスが取れたブランドとして認識されるようになるのです。

例えば、「リカバリーウエア」というワードをご存知ですか。リカバリーウエアとは休息時や就寝時に着用する衣類で、着用することで疲労回復をサポートするという、近年非常に高い関心を集めているカテゴリーです。

今まで就寝時に着る衣服といえば「パジャマ」でした。パジャマは手段でしかありませんが、「リカバリーウエア」に変換されることで、疲労回復という目的が加わり、手段と目的の両方からの期待価値が生まれたのです。そして使用体験によってパフォーマンスが上がり、「買って良かった」という体験になります。友人や同僚への贈り物など「他者への手段」や「他者への目的」に変換されれば、すべて自分と他者、手段と目的を網羅的に横断した体験価値を生み出すことができるのです。

この4つの価値の横断には、接点ごとに適切な消費者の感情の変化を軸とし、どれか1つだけの領域だけではなく、4つすべての領域に対しての網羅的に価値と感じられる設計が必要なのです。

12. 脱・主観的表現

良いものを作れば売れるという時代ではなくなり、かなりの時間が経過しましたが、いまだに「こだわり」を自社の強みとした主観的な便益提供の文脈に偏ってしまうケースがあります。しかし、売り手が価値があるといくら思っていたとしても、消費者がそう思わなければ、価値にはならないのです。

自社のブランドがいかに素晴らしいかを伝えたいあまり、売れなかった場合は「価値がうまく伝わっていない」という、ある種「伝わりさえすれば売れるはず」とも思える解釈をしてしまいます。

しかし大切なのは、ブランドが提供する便益と消費者のニーズのマッチ精度を高めることです。それがCVにつながる最も確実な方法です。そのためにも、「ブランドが言いたいこと」ではなく「顧客が言ってほしいこと」を伝えなければならないのです。

「多くの失敗を繰り返しながら、私たちの熱い思いを胸に5年の歳月を経てようやく開発にこぎ着けた、この独自機能をお届けします」

「500人のアンケート結果で94%の満足度という高い評価の秘密は、独自機能による確かな実感と効果です」

前者は、開発の情熱という思いをぶつける熱いメッセージでありながら、この文章から伝わるのは思いだけです。そして、実際に消費者が求めている情報は後者です。特に、自分ではなく他者からの評価がメッセージの軸となっており、それがRTB（Reason To Believe：信じる理由）の役割を果たしていることで、CVRも高まりやすいでしょう。

特に、今は売り手のメッセージよりも、実際の利用者によるSNSでの投稿や口コミで購入を判断する傾向が強まっています。いかに信憑性が高いリアルな口コミを消費者から生み出せるかが非常に重要です。売り手の思いは大切ですが、消費者にとって価値かどうかは別の話なのです。伝えるべきメッセージの主体が誰になっているのかを判断するには、「顧客が言ってほしいこと」なのかどうかを絶えず意識しなければなりません。

13. デジタル広告を使ったコンセプト検証

新しいプロダクトの開発時に複数のコンセプトを設定し、実際に「どれが購入してもらえる可能性が高いのか」という検証をターゲットに近しい人物にヒアリングすることで、商品の機能や性能、方向性、パッケージデザイン、訴求軸、その後のコミュニケーションを定められます。

確かに、ユーザー調査によるフィードバックから方向性を絞るというフローは有効ではあります。ただし、アンケートやインタビューで聞いた「欲しい」というものと、実際に消費者が購入して使うものは必ずしも同じではありません。そこで、デジタル広告を活用して実際に市場からのフィードバックを得て、実際に消費者がどれほど興味を持つのかという簡易的な検証をすることも可能です。

例えば、ある睡眠系サプリメントの開発中に、「睡眠」「ストレス」「美容」の3つのうち、どの機能性表示を取得するべきかという、商品開発段階での市場のニーズを検証することになりました。

実際に、広告バナーのクリエイティブとコピーの方向性を①**睡眠不足の危険性**、②**理想の美と睡眠の質**、③**ビジネス（ストレス）と睡眠の質**、④**肌不調と睡眠**の4つのグループに分類し、それぞれ2パターンの描写、計8パターンをデジタル広告で出稿しました。結果として「睡眠不足の危険性」と「肌不調と睡眠」のグループのクリック率が高い傾向にあり、市場の関心事としてこの2つの方向性が良いのではという仮説を立てることができました。

一方で、各バナーをクリックしたユーザーの行動痕跡をヒートマップというツールで分析すると、「睡眠不足の危険性」と「ビジネスと睡眠の質」からの流入者のアテンション(熟読)とファーストビューの残存率が高く、逆に「理想の美と睡眠の質」と「肌不調と睡眠」という美容系バナーからの流入者のアテンションや残存率は著しく低かったのです。

クリックした先のページには、簡易的なアンケートを設置し、回答に合わせて表示する記事の内容を切り替える仕様にしていたため、アンケート回答に伴う送信ボタンのクリックも計測することができました。それも「睡眠不足の危険性」と「ビジネスと睡眠の質」の2つのグループでクリック率が高い傾向にありました。結果として「美容」を打ち出す優先度を下げるという判断に至ったのでした。インタビューやアンケートでは、美容と睡眠の質への関心は非常に高い傾向にあったのですが、こうした実際のクリエイティブの検証結果によって、現実の消費者があまり能動的に反応を示さないことが分かりました。つまり関心度は高い一方で、サプリメントというカテゴリー受容性が低いことにより、お金を出してでもこの商品を購入するという需要性の低さが予測されたのです。商品のコンセプト自体も、その結果を踏まえて決定したのでした。

余談ですが、ヒートマップデータはこの検証のように、クリエイティブ別や媒体別、購入者／非購入者、初回訪問／再訪問など、相対比較して検証することをお勧めいたします。

例えば、リスティング広告でブランド名を指名検索して訪問した人と、偶然Facebookを見ていてバナーをクリックした人は、モチベーションも積極性も購入確度も異なって当然です。

しかし、多くのマーケティングの現場では全流入者のデータを分析してしまっているのです。全流入者のデータはあくまで平均値であり、個別最適化できません。極端ですが、購入してくれていた人が購入しなくなるような改善案を導き出してしまう恐れもあるのです。

こういった分析ツールを使用するときは、前提となる媒体や訴求といった「流入別」に分析することと、購入／非購入や初回訪問／再訪問といった「行動別」の2軸で分析することで、より精度の高い改善施策を実施することが可能になります。

14．5パターンの行動痕跡から施策優先度を考える

前述のコンセプト検証の派生として活用できるのが、行動痕跡から流入者を5パターンに分け、最も改善インパクトが高い施策の優先度を定めることです。

通常の業務では、「CVした人は何人いたのか」「それは全流入者の何パーセントの割合だったのか」「その獲得単価は」というダッシュボードの数値を見て、どう増やすか、どう高めるか、どう減らすか、という方向で頭を動かしているかと思われます。

しかし、それだけの解像度では誰に向けた改善施策なのかが不明確になり、感覚的な判断によって手当たり次第に策を施すという手段の目的化が起こってしまいます。同様の光

景はマーケティング実務でも頻繁に起こり得ますが、これは優先順位を定める指標がないことが原因です。

そのため、訪問者の行動痕跡から5つのパターンに分類し、どのパターンが現状課題の原因になっているのか、どのパターンに対して改善施策を実施すると改善インパクトを高められるのかを把握するのです。

流入後の行動を元に5パターンに分けてみます。

①流入前にCVすると決めていた

流入前にCVするつもりがあったため、他の流入者と比べて滞在時間は短く、既にブランドや商品の便益を理解している可能性があります。そのため、発生するコスト（金銭コスト以外も）に関わる情報を閲覧し、CTA（Call To Action）をクリックしてフォームに遷移しています。ブランドや商品を使用したことがある、または以前からずっと比較検討をしていた、あるいはテレビで商品やサービスが放映されたのを見た、という状態であ

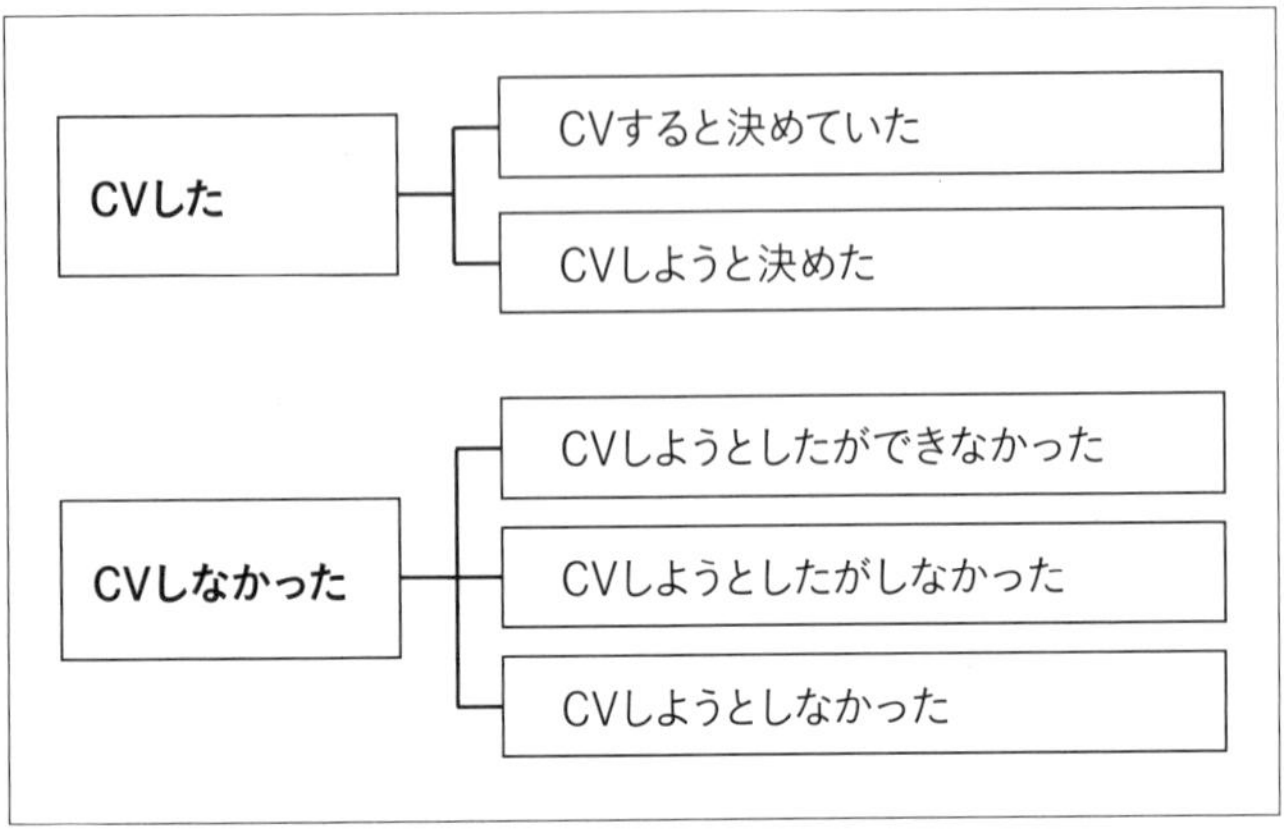

CVと非CVの細分化

る可能性が高いです。

②流入後にCVすると決めた

流入後にCVすると決めたため、購入に値する価値があるかどうかを確かめるために、全体的に満遍なく閲覧しながら気になる箇所は何度も確認するという行動を取ります。CVした①と比較して滞在時間が長かったり、ウェブサイト内での回遊が多かったり、便益に対してコストが見合っているのかを見定めるための行動がうかがえます。

③流入後にCVすると決めたがCVできなかった

②と同様の行動を取り、価格やその他コ

ストに関わる情報を確認し、申し込みボタンをクリック。しかし、カート画面や申し込みフォームに遷移した後に離脱する行動を取っています。クレジットカードの登録が面倒だったり、希望している支払い方法がなかったり、カート画面で別のページに遷移してしまい戻れなくなってしまったり……。あるいは電車を降りた、メールなどの通知が来たといった、スマートフォンやパソコンを閉じなければならない何かしらのタイミングが発生して離脱したなどが考えられます。

④流入後にCVしようと思ったがCVしなかった

流入後に②と近しい行動を取る傾向にあり、比較的能動的な情報収集行動を取っています。ただし、申し込みボタンや購入ボタンをクリックすることなく離脱します。

⑤CVしないと決めた

流入後、ファーストビューやその先のセカンドビュー周辺の閲覧後に短時間で離脱します。一目で自分にとって必要ではないと感じられており、離脱を誘発しています。

これらの5パターンのうち、取るべき施策の優先度は①②を増やす施策と、③④を減らす施策、そして⑤に向けた新たな施策という3つの方向性が見えてきます。ウェブマーケティングにおいて、平均的なCVRは数パーセントであり、高くても10％前後となります。つまり、90％近くは③④⑤に該当するのですが、この層をひとくくりにしてしまうと、施策の解像度が非常に低くなってしまうのです。まずは①から順を追ってCVした人をどう増やすのか、そしてCVしなかった人のうち③④をどう減らすのか、これらを優先して実施することで改善インパクトを高めることができます。⑤については、市場やターゲットを変えるなど、そもそも現時点での訴求やコミュニケーションでは獲得難度が高い可能性があります。そのため訴求方法を変えたりするなど、ページのコンセプト自体を変更した方が改善インパクトは高くなるのです。

さらに、流入元のコミュニケーションによって訪問者の行動も変わることを忘れてはいけません。やみくもに策を施すのではなく、改善につながる〝レバー〟が何かを正しく捉え、優先度を見定めなければなりません。

15.「A/Bテスト」は勝敗を見るものではない

ウェブ広告では「A/Bテスト」がよく用いられます。どちらが良かったのかという結果を基に、基準に満たないものを切り捨て、予算投下するべきクリエイティブを絞りながらブラッシュアップする手法として活用されています。

MetaやLINEなどクリエイティブの影響が強い媒体では特にこの検証は重要なのですが、単純にどちらのクリエイティブが良いかという判断だけではなく、クリエイティブが狙っているターゲットごとに評価することが重要です。

例えば、次のページの図のような2種類のバナーをA/Bテストしたとします。どちらが勝ったのかという評価軸は、そもそも機能しません。なぜなら、どちらも目的と狙っているターゲットが異なるからです。

まず、価格の安さや割引訴求のバナー（図右）は、消費者がクリックした先に販売ペー

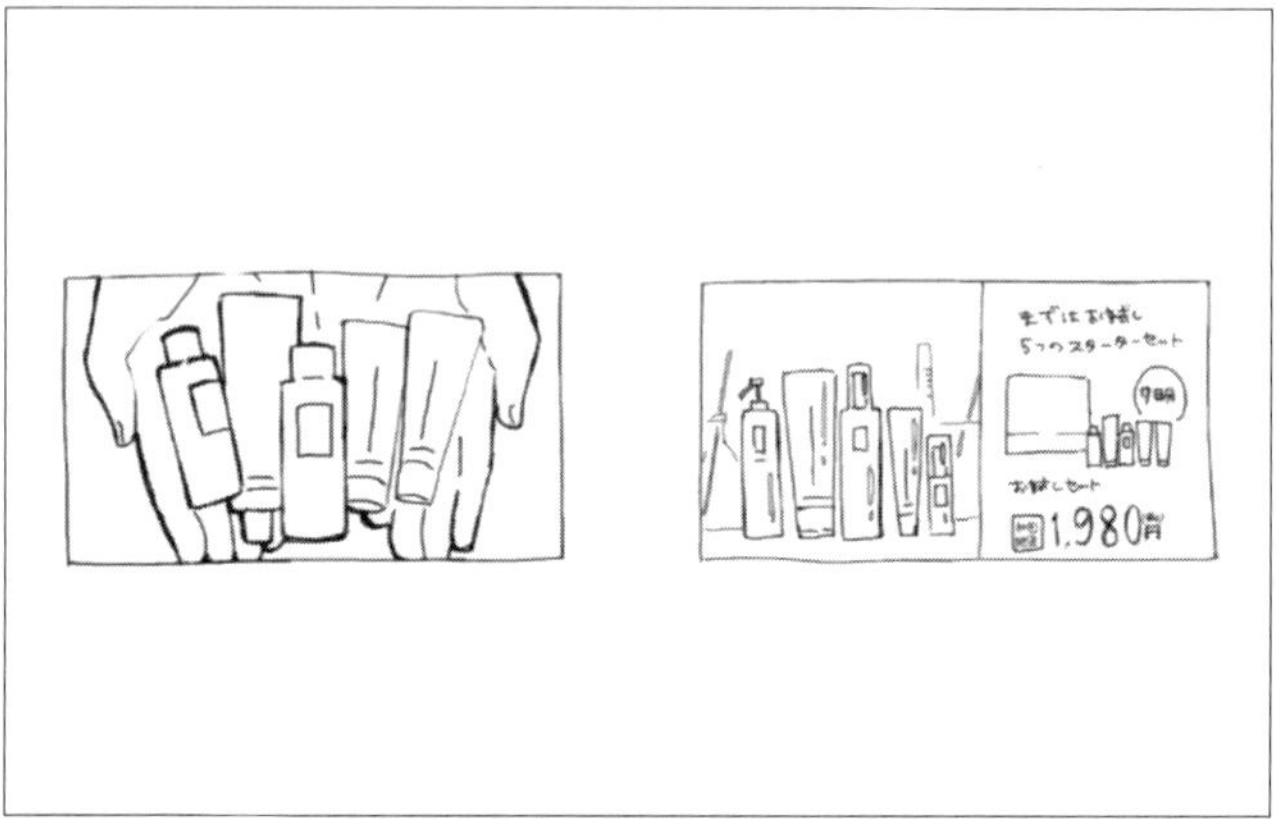

情緒的な印象と、機能的な印象の差異

ジがあり、商品が売られていることを認識した上でクリックします。日常的にSNSやウェブメディアなどを回遊している時は、商品やサービスを売り込まれたくありませんので、自然と視界に入っていても意識から消えている傾向にあります。しかし、そんな閲覧状況においてわざわざクリックする人は、「ブランドを認知していて興味はあるけれど、検索して調べるほどでもない」状態の可能性があり、訪問者のCVRは高まる傾向にあります。ただ、よほど興味がなければ、わざわざ商品を売り込まれるページの訪問は避けがちなので、クリック数が増えにくい傾向にあります。

一方、手に持っているだけのバナー（図左）は、スキンケアに興味があり、クリエイティブが醸し出している雰囲気が好みの人にはクリックされる傾向です。また、目を引くクリエイティブであれば、クリック数は高くなる傾向にあります。そのため、LPの前に事前知識や情報を提示するクッションランディングページと呼ばれるブリッジを挟むことがあります。商品への関心を高め、自分の課題と認識させた上でLPへの遷移を促すのです。

では、実際に両方のバナーを配信すると、どのような結果が生じるのでしょうか。**実際に1週間配信**された際のデータを基に考察します。（市場環境やシーズン、競合の出稿状況によって数値は日々変動するため、参考値として見てください）。

手に持っているだけのバナー

クリック数：5万5132回／クリック率：0.024％／CV数：109件／CVR：0.2％／CPA：2万1357円／CPC：42円／利用金額：232万7914円

価格／割引表記のバナー

クリック数：４９２５回／クリック率：０・０１６％／ＣＶ数：42／ＣＶＲ：０・８５％／ＣＰＡ：６８５０円／ＣＰＣ：58円／利用金額：28万７７０４円

「手に持っているだけのバナー」は、「価格の安さや割引訴求バナー」と比べて、クリック率は約１・５倍、クリック数は約11倍の差をつけて圧勝です。では、ＣＶＲはどうでしょうか。価格の安さや割引訴求のバナーが４倍以上の差をつけて圧勝しました。しかし、ＣＶ数では手に持っているだけバナーが約２・５の差をつけています。これらの結果を踏まえ、ＣＰＡを抑えるために価格の安さや割引訴求のバナーを価値クリエイティブとして評価し、手に持っているだけのバナーを〝負け〟〝として運用しないのかというと、そうではありません。

そもそも、それぞれのバナーが狙っているターゲットが異なっているからです。価格の安さや割引訴求のバナーは、「ブランドを認知していて興味はあるけれど、わざわざ検索して調べるほどでもない」という状態の人がクリックしている可能性が高く、つまりそれは需要を刈り取っていることになります。このクリエイティブばかりを勝ちと評価し過ぎてしまうと、ちょうど安いし買おうという顧客が増えがちです。いずれ離反してしまう客が多く、顧客基盤が崩れてしまう恐れもあるのです。

ＡとＢどちらが勝ちパターンで負けパターンかという勝敗だけを決めるＡ／Ｂテストではなく、目的やターゲットごとに正しく評価する時間軸やＫＰＩを定めなければなりません。状況によっては、どちらのバナーも配信が必要なケースもあります。近視眼的な評価基準で勝敗を決めることが危険な場合もあり、注意が必要です。

16. マクロとミクロの行き来

Ｎ１の重要性、たった1人の顧客理解が極めて重要であるということから、ミクロな観点に傾倒し過ぎてしまうことにも注意です。そのＮ１の特異性から市場性が見込めず、早々に獲得効率や獲得数が悪化するなど、ＰＤＣＡが頭打ちになる可能性もあります。例えば、既存顧客にインタビューを実施すると、特に目立つ顧客の声がその他多数の代表として解釈されてしまうケースです。その声がニーズの中央値なのか、それともかなりまれな声なのかを判断せずプロモーションに活用してしまうと、数値が悪化したり、思ったように広がらなかったりします。これは具体的な「個」のニーズはある一方、市場性が低いという好ましくないパターンとなるのです。

そういったケースにならないように、事業フェーズに合わせながら、「マクロ×ミクロ」と「市場×自社」の観点から網羅的に捉えなければなりません。

ミクロの観点では次の3点を市場と自社の側面から整理します。

・消費者「課題」性：本当に課題はあるのか？
・消費者「需要」性：お金を払ってでも欲しい価値か？
・商品「独自」性：価値にふさわしい便益が提供できるか？

失敗するケースとして、「課題」はあるものの消費者がお金を払ってまで欲しい価値かどうかが不明確なまま、商品開発を実行し、全く売れないというパターンです。人は抱えている課題のすべてに対してお金を出して解決したいわけではありません。そこに需要性があるのかどうかの観点が非常に重要になります。

その上で見定めておかなければならないのが、マクロの観点です。

・市場「規模」性：目標を達成するための規模はあるのか？
・競合「優位」性：最大公約数の顧客を獲得できる優位性はあるのか？
・自社「収益」性：利益の最大公約数は得られるのか？

それぞれミクロの観点と対になっており、すべてが連動してひもづいています。課題性は市場の規模がどれだけ見込まれるのかという最大公約数となるセグメント群を捉えなければならず、また「需要」に対しては競合優位性がなければ選ばれることはありません。独自性によってもたらされる消費者への便益によって、自社の収益は最大化できるのか、という連動した把握が必要となるのです。

17. ブランドの在りたい姿より、消費者から求められている「在るべき姿」

ここまで、様々な観点からＣＶにつながる具体アクションを紹介しました。事業フェーズや課題、ブランドの特性、カテゴリーによっては、どれか1つだけの実施だけで効果が出ることもあれば、多くの項目を実践しなければ改善しないこともあると思います。

その上で、重要なのは「何から始めるべきか」という「優先度」です。

本書を通じてお伝えしてきたことはシンプルです。市場で求められていること、つまりブランドが成し遂げたい「在りたい姿」を押し売りして結果が伴わないのであれば、市場から求められている「在るべき姿」を提示しましょう。そのためには、理想の顧客ではなく「今ブランドを選んでくれている人」を理解しましょう。

たった、これだけです。

市場では何が求められているのか、その上で現実的なアプローチは何ができるのかを理解し、考え、実行し、リアルタイムで得たフィードバックに素早く適応し続けることが極めて重要なのです。

かなり以前になりますが、子供用サプリメントのリブランディングの相談を受けたことがありました。既に一定の売上高があったのですが、顧客数が増えてきたことで、ターゲットとなる「ママ」をもっと意識したリブランディングを実施したいという相談でした。つまり、ゴテゴテとしたチラシ的な売り方ではなく、もっと洗練されたデザインに変更し、おしゃれな印象を打ち出したいという要望だったのです。

「もっとおしゃれなデザインに」「もっと自社らしい世界観を」という要望はかなり悪手であると伝えました。なぜなら調査した結果、消費者はそんな世界観を望んではいなかったのです。しかし、どうしても作りたいと熱望され、サンプルとしてLPを制作したのですが、案の定CVRは大幅に悪化しました。

消費者にとっては、大人の自分が飲むサプリメントであれば自己判断で済ませられますが、自分の大切な子供が服用するサプリメントはことさら慎重に選ぶでしょう。自分と同じ悩みを持ったママが購入しているかどうか、どんなメリットがありデメリットがあるのかなど、リアリティーのある口コミや評価が購買の決め手でした。それにもかかわらず、それらの文字情報を減らし、世界観が崩れてしまうからと手書きの感想が書かれたハガキの画像などが撤去されていたのです。

ブランドのビジョンや描きたい理想の世界は、ブランドにとっての存在意義であり、それがなければブランドは成り立ちません。しかし、そのブランドが打ち出したい世界への共感には非常に時間がかかり、その価値観に対して消費者がお金を払うかどうかは別の論点となるのです。

そのため、市場のニーズを理解し、適応し続け、瞬間的な優位性を積み重ねなければならないのです。まずは求められていることは何か、そしてできることは何かという軸で、ブランドができる「在るべき姿」を最優先で考えなければならないのです。

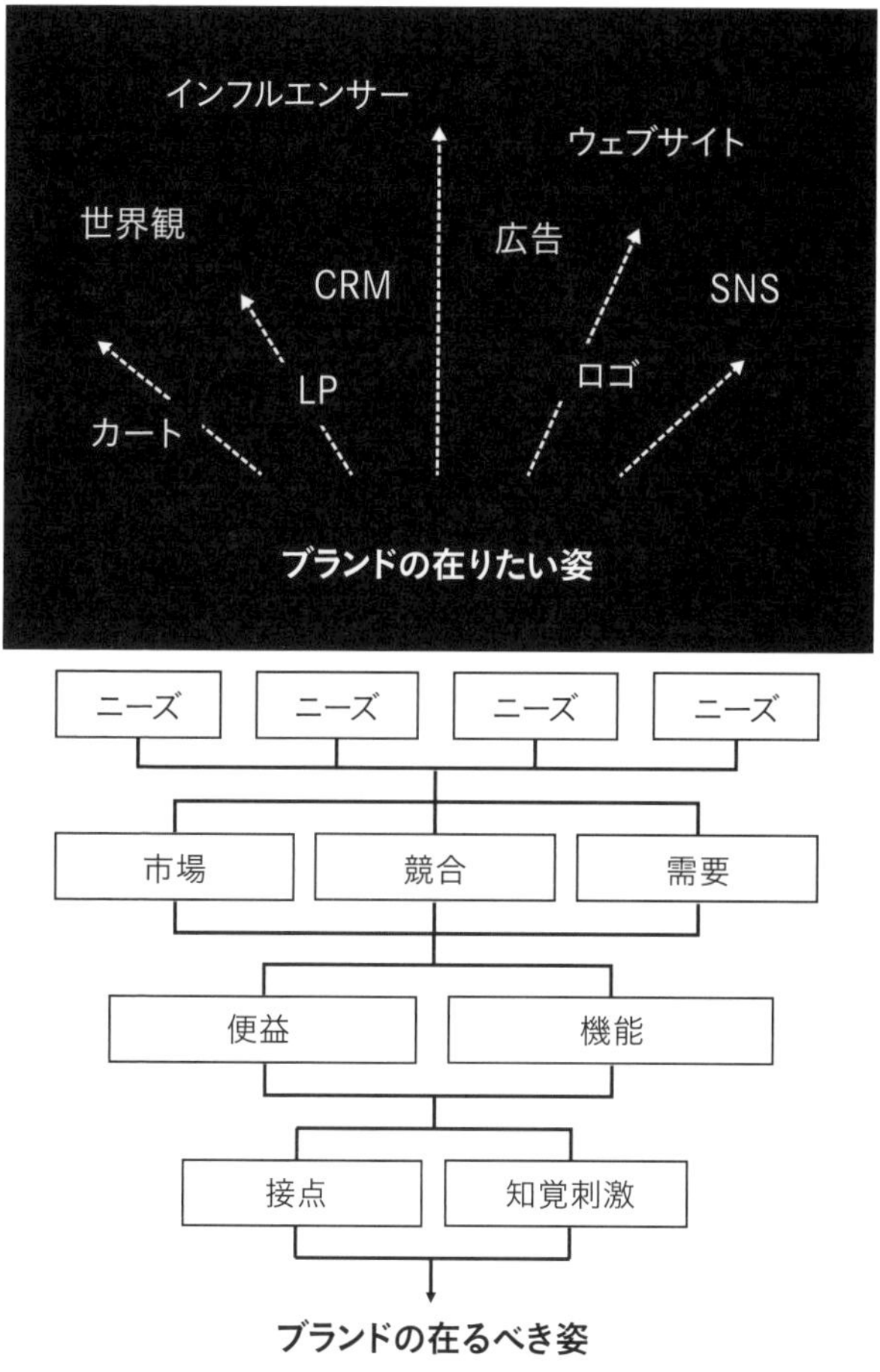

ブランドの在りたい姿を追うフロー（上）と市場のニーズからブランドの在るべき姿を落とし込むフロー（下）

4章 まとめ

解像度とは、やらなくてもいいことを見定める尺度

顧客を理解してCVを増やすには、定性から仮説を大量につくり、定量で検証して有効な答えのかけらを収集し、仮説の精度を上げていくことが最も再現性の高いプロセスだと考えています。広告クリエイティブの実務に長年従事していた経験からもそう強く感じます。つまり、やるべきことと、やらなくてもいいことを見定める尺度を、現実からのフィードバックによってクリアにするプロセスが重要で、そのプロセスこそが解像度を高めるために不可欠なのです。

1章でも書いた通り、PDCAのPが長過ぎ問題でも、仮説を1つに絞り込もうとし過ぎて過剰にデータをうのみにしてしまったり、データによって仮説を証明しようとし過ぎたりします。そのためプランニングに非常に時間をかけ、PDCAのほとんどの時間をPだけに充ててしまっているのです。しかし、仮説は仮説でしかなく、仮説に仮説を積み重

ねても仮説でしかありません。0に何をかけ合わせても0でしかないように、0を早く1にしてしまうためには、仮説を無数に立て、検証し、答えのかけらを収集するしかありません。これはまさにボトムアップのアプローチによってファクトをつくり、仮説とファクトを紡ぎ上げることで着実に進んでいくしかなく、マーケティングに「ワープ」は存在していないのです。

そして、もう一つ重要なのが洞察力です。洞察力は、何と相対比較し、どのような差異が生まれるのかを見極め、解釈を生むことが求められます。マクドナルドとスターバックスのコーヒーを横並びに比較しているだけでは、何の解釈も生まれません。一方で、誰もが洞察力を高める手法は存在していません。故に顧客理解とは難度が高く、属人的で、曖昧であるため、「顧客第一主義」を掲げているにもかかわらず、現場ではCPAしか見ていない断絶された組織が生まれてしまうのです。

4章では、そんな断絶を防ぐために最低限押さえておかなければならない項目を本書のまとめとして17の具体アクションに落とし込みました。冒頭にも書いた通り、「それはそうだな」と「いつも必ずしもそうではない」との間には大きな乖離があります。それを前提にし、具体と抽象を行き来することで、自社の問題を突き止め、正しく課題を設定してみてください。

おわりに

最後まで読んでくださり、本当にありがとうございました。

「はじめに」で書いた通り、私のキャリアは「クリエイティブとマーケティング」「事業会社と支援会社」「実務と経営」という、それぞれ異なる立場を行き来し、それぞれの立場において、いびつな現実と理想のはざまを見てきました。そんなキャリアの中で、私にとって目の前の課題を解決するための教科書やお手本があまりにも少なかったことから、いつも立ち返るのは「その施策で本当に消費者は買うのか？」という観点です。どんなに想像を膨らませたとしても、顧客ではない私にとって想像の域を超えることはありません。だからこそ、「顧客」という事実をいち早く集めるアプローチを最優先に考えました。

思い返すと、この顧客の理解へのアプローチは、「デザイン思考」の人間中心設計に通じる部分が多分にありました。消費者を観察し、行動や感情を理解した上で解決すべき問題を定義し、アイデアを素早く形にし、ユーザーの反応から学び、アップデートしていくのがデザイン思考のアプローチです。最初から仮説を立てるのではなく、消費者を観察することから始め、プロトタイプによって市場にニーズをいかに問い続けられるか。そして、その中から有効な仮説を立て続けられるかが、消費者の変化に対応し続け、瞬間的な優位性を多発するためにはとても重要なのです。

しかし、「顧客」を知ったからといってビジネスが成功するのかというと、そうではありません。消費者に価値を届け続ける仕組みをつくり、企業の利益につなげなければなりません。そのためには、組織の資源を有効に活用し、商品・価格・流通・広告などを通じて消費者から選ばれる理由と意味をつくる「マーケティング思考」に加え、社会や文化といった広大な世界と、自分という最もミクロな世界を捉え、大きな問いや構想を描くことで、市場の定義を変えたり、未充足なニーズを発見したりできる洞察力の根源となる「アート思考」なども必要不可欠です。

近年、マーケティングという枠組みがグラデーション化し、どこまでの領域をマーケティングと呼ぶのかは非常に曖昧になってきています。しかし、この3つの思考を横断し、時に使い分け、複合的にマーケティングを捉えることが、変化し続ける市場や消費者に適応し、ビジネスと顧客理解をつなぐために非常に重要であると痛感しています。

売れるブランディング、売れるマーケティング、売れるウェブサイト、売れる広告運用、売れるクリエイティブ……。ちまたでは多くの支援会社が、「売れる」という冠言葉を使い、まるで特定のアクションさえ取れば必ず売れるような表現を用いています。事業会社にとって「売れる」ことが重要であることは重々承知しています。しかし、必ず売れる方法なんていうものは、この世に存在しないのではないでしょうか。

存在するのは「売れる」ではなく、「売れた」という結果です。様々な仮説を検証し、施策を実行した結果、目標を達成した際に表現されるのが「売れた」です。また、「売れる」という状況は企業のフェーズや目標数値によって定義は曖昧です。同じ課題であったとしても、取るべきアプローチは必ずしも同じではありません。だからこそ支援側は、「他社の成功事例」を振りかざし、「売れる」を必ず実現できるかのような表層的な売り文句ではなく、本質的な課題解策を提供しなくてはなりません。そのためには、「勝ちパターン」

といった企業の理想ではなく、「負けない」ための再現性を高めなければならないのです。その一つが顧客の理解でした。

ビジネスとは、商品やサービスを介した人と人とのコミュニケーションであり、マーケティングとは、そのコミュニケーションをビジネスに転換するアクションなのではないでしょうか。コミュニケーションが人の理解を失ってしまえば、ビジネスは消費者が幸せになれず、企業のマネーゲームだけが残ってしまいます。それで果たして、何か世の中をより良くしたいという思いからつくられたブランドの存在意義は成立するのでしょうか。

昨今のマーケティングの実務では数字のみを追い求め、その先にいる人のことを考えずにアクションを進めたりするような、いわゆる「売れる〇〇」が生んでしまったアクションが増えてしまったのです。消費者にとってのブランド体験を支えるマーケティングとは程遠いアクションの増加は、消費者はもちろんのこと、マーケティングに携わる私も望んではいません。

インターネット広告市場が拡大していく中で、広告を消すためのボタンが分かりづらかったり、静止画なのに動画のように再生ボタンを付けてタップを誘導したりするような、誤タップやアクションを誘発させる広告が流行したこともありました。

ある意味、消費者を欺く表現を増発することで仮に売り上げが高まったとしても、それは未来の顧客を前借りしているに過ぎず、ブランドにとって在るべき姿とは言えません。デジタル広告における成果指標の数値を高めることは大前提にあるとして、広告の本質は消費者にとってのブランド体験の一つです。消費者のニーズとブランドの便益のマッチ精度を高めることが、消費者に喜ばれる可能性を高め、その結果として生じるのがコンバージョンなのです。

消費者を欺くような広告に頼るのではなく、だからといって昔ながらの形骸化した戦い方ではなく、常に新しい戦略的な施策を打ち出し続け、多くの「瞬間的な優位性」を生み出し続けることが、選ばれ続けるブランドをつくるのです。本書を通じてお伝えしていたことは、これだけです。ブランドが成し遂げたい「在りたい姿」を押し売りして結果が伴わないのであれば、市場から求められている「在るべき姿」を提示しましょう。そのためには、理想の顧客ではなく「今ブランドを選んでくれている人」を理解しましょう。たった、これだけです。これがボトムアップのアプローチによるマーケティングです。

最後になりますが、この書籍を執筆するに当たり協力いただいた、株式会社Ptmind安藤高志様、株式会社Greenspoon三原壮太郎様、株式会社Sparty坂口光様、株式会社THE MOLTS寺倉大史様、株式会社 北の達人コーポレーション木下勝寿様にこの場を借りて感謝を伝えたいと思います。そして、この書籍を読んでくださった皆さまに小さくとも確実な、本当の意味での「成果」が生まれるとうれしく思います。

川端康介

著者略歴

川端康介（かわばた・こうすけ）

マテリアルデジタル 取締役

2004年、EC事業スタートアップに参画。デザイン／広告／プロダクト開発などの知見と技術をベースに、2010年に株式会社nano colorを設立。10年以上EC業界で顧客コミュニケーションや事業戦略を支援。WHO × WHATを軸にブランディングとマーケティングを分断しないプランニングとクリエイティブを設計することを得意とする。宣伝会議の非常勤講師も務める。また、かつては学校法人HAL非常勤講師、株式会社千趣会のマーケティング子会社Senshukai Make Co-でクリエイティブチームマネージャーも務めた。23年10月に株式会社マテリアルデジタルに参画し、同社取締役に就任

顧客を見れば、戦略はいらない
解像度を上げるボトムアップマーケティング

2024年11月25日　第1版第1刷発行

著　者　川端康介（マテリアルデジタル）
発行者　佐藤央明
編　集　伊藤 健（日経トレンディ）
発　行　株式会社日経BP
発　売　株式会社日経BPマーケティング
〒105-8308　東京都港区虎ノ門4-3-12
装　丁　細山田光宣+千本 聡（細山田デザイン事務所）
制　作　關根和彦（QuomodoDESIGN）
印刷・製本　大日本印刷株式会社

ISBN978-4-296-20644-5
Printed in Japan